ASSOCIATION GÉNÉRALE

DES

Préposés des Manufactures & Magasins de l'Etat

(TABACS & ALLUMETTES)

CAHIER

de

REVENDICATIONS

1910

LIMOGES
IMPRIMERIE GOUTERON FRÈRES, RUE DELESCLUZE, 30

1910

ASSOCIATION GÉNÉRALE

DES

Préposés des Manufactures & Magasins de l'Etat

(TABACS & ALLUMETTES)

CAHIER de REVENDICATIONS

1910

LIMOGES
IMPRIMERIE GOUTERON FRÈRES, RUE DELESCLUZE, 30
—
1910

CAHIER DE REVENDICATIONS

Monsieur le Directeur général,

Messieurs les Administrateurs,

Dans le but de bien faire connaitre nos aspirations et nos *desiderata* à l'Administration des Manufactures de l'Etat, nous avons cru devoir établir ce mémoire, afin de pouvoir développer les différentes questions qui lui ont été soumises depuis plusieurs années.

Quelques-unes d'entre elles ont déjà été envisagées et étudiées par la Direction générale, nous sommes donc autorisés à penser, grâce aux arguments que nous allons fournir, et surtout à l'esprit de justice dont elles sont empreintes, que M. le Directeur général voudra bien les prendre en considération, et donner à celles qui sont de son ressort une solution favorable, conforme à nos vœux.

***

Comme préface à ce mémoire, il nous a paru nécessaire, tout en étant le plus bref possible, de faire ressortir quel est, de nos jours, le rôle des préposés dans les Manufactures. Nous avons cru utile aussi, d'exposer nettement, à côté de nos attributions, la médiocrité du traitement, tant moral que matériel, qui nous est fait.

L'amélioration de notre traitement moral dépend entièrement de l'Administration, nous osons donc espérer qu'elle se fera un devoir de solutionner avantageusement pour nous les questions qui traitent de ce sujet. Toute réforme de ce côté ne peut que nous attacher davantage, si toutefois cela était possible, à bien servir les intérêts de l'Administration, et comme conséquence, ceux du Trésor.

Quant à notre traitement matériel, dont le relèvement dépend principalement du Parlement, il est notablement inférieur à celui de certaines autres catégories de salariés appartenant à notre Administration. Aussi l'Etat-patron, qui est souvent saisi de doléances, non toujours justifiées, nous le reconnaissons, sur la façon dont il traite son personnel, voudra bien examiner les nôtres, et après en avoir reconnu le bien fondé, reconnaître aussi l'urgence qu'il y a à nous rendre justice.

L'Administration peut beaucoup pour faire aboutir ces questions d'ordre parlementaire, aussi, lui demandons-nous instamment son appui, et nous sommes persuadés qu'elle ne nous le refusera pas, car elle connait les difficultés qui nous assaillent dans ses Etablissements, elle sait aussi que nous sommes la cheville ouvrière de ses Manufactures.

Depuis plusieurs années, les salaires du personnel ouvrier, de même que les appointements des agents techniques, ont augmenté dans des proportions très grandes, nous sommes donc autorisés à penser qu'elle voudra bien rétablir l'équilibre à notre égard, car notre tâche devient chaque jour plus difficile, et nous devons redoubler de tact et de prudence pour maintenir la discipline dans les ateliers, pour empêcher le gaspillage, pour diriger les détails de la fabrication, pour, en un mot, maintenir les saines traditions de travail.

Si l'on envisage que le bon emploi des matières dépend en partie du zèle des agents, il est essentiel de ne pas nous décourager, et si les réformes que nous allons exposer nécessitent des augmentations de crédit, elles constitueront un acte d'excellente gestion financière.

Du rôle des préposés actuels dans les Manufactures de l'Etat

Qu'est-ce que les préposés ?

Le règlement de 1862 qui ne répond plus aux obligations actuelles, qui ne fait nullement ressortir nos attributions générales, qui ne traite en aucune façon des rapports administratifs qui doivent exister entre nous et le personnel ouvrier, pas plus, d'ailleurs, qu'avec les employés supérieurs, règlement que nous considérons comme désuet et dont nous demandons l'abrogation répond à cette question : « Ce sont des agents placés par l'Administration des tabacs, entre les ouvriers et les ingénieurs, pour transmettre aux premiers les ordres des seconds ».

Voilà quel était notre rôle à cette époque lointaine. Nous allons voir combien il est différent aujourd'hui.

Autrefois, les préposés étaient recrutés parmi les ouvriers sachant un peu lire et un peu écrire, dit une vieille circulaire, et qui donnaient toute satisfaction à leurs chefs, Ils représentent aujourd'hui à peine 3 % de l'effectif. Ces agents transmettaient littéralement les ordres des ingénieurs, sans pour cela user de la diplomatie nécessaire de nos jours. Ils tenaient une petite comptabilité qui consistait à relever les présences journalières du personnel ouvrier, ils enregistraient les quantités manutentionnées par ce personnel et consignaient sur le registre 40-A les matières sortant d'un atelier pour passer dans un autre.

Voici quelles étaient, dans leurs grandes lignes, les attributions des préposés d'alors.

Ces fonctions étaient peu importantes, et si elles ont aujourd'hui bien augmenté, nous supportons toujours le poids de cette origine obscure.

***

Peu à peu, l'instruction se répandant davantage, nous fûmes recrutés par voie de concours, les candidats pris en dehors du personnel des Etablissements. Nous eûmes alors une comptabilité plus importante à tenir, la plus grande partie des écritures passa des bureaux dans les ateliers, et de chefs ouvriers que nous étions, nous sommes devenus des comptables, nous pouvons même dire, de très bons comptables. De sorte que les surveillants, contremaîtres, chefs de section, sans distinction de grades ni de classes, peuvent remplir, et remplissent indifféremment les fonctions de commis et de chefs d'atelier, sans préjudice de leurs connaissances pratiques au point de vue de la conduite du personnel ouvrier et du travail.

L'Administration a tellement bien compris l'avantage qu'elle pouvait retirer de nos nouvelles aptitudes, que dans toutes les Manufactures et même à l'Administration centrale, il y a toujours des préposés employés en permanence aux lieux et place des commis. C'est tout dire...

Le décret du 14 janvier 1908 dit que nous sommes chargés de la surveillance des ateliers, en même temps que nous coopérons à des travaux de comptabilité et d'écritures.

Nous allons examiner dans quelles conditions nous accomplissons cette double fonction, car nous avons cru remarquer que nos employés supérieurs et l'Administration n'ont pas une idée exacte de son importance et des difficultés que nous rencontrons dans l'accomplissement de notre tâche.

Dans les bureaux de la Direction, on ne fait plus appel, comme on le laisse croire, à des préposés susceptibles de faire de bons expéditionnaires, on nous demande d'exécuter des travaux autrefois confiés exclusivement aux commis, si bien qu'agents de la 1re catégorie et agents secondaires collaborent ensemble, bien souvent avec des connaissances et des résultats équivalents, à la tenue d'écritures qui augmentent de jour en jour dans des proportions considérables.

Ne faisons-nous pas, dans les bureaux, la minute de la délibération, le décompte des acquits, les états 24, les feuilles 55, nous tenons toutes les écritures pour la retraite, les registres 62 et 63, le registre des entrées et des sorties du magasin de dépôt, nous dressons le 45-A, 61-A et 61-B, etc., et ce, en dehors du travail de copie proprement dit.

Nous devons dire que la présence journalière des préposés employés dans les bureaux est de neuf heures, tandis que celle des commis n'est que de sept heures.

Dans les ateliers, notre rôle de comptables est encore plus étendu.

La comptabilité qui est faite sert de base à celle des bureaux, de là sa très grande importance.

Si l'on tient compte des conditions spéciales dans lesquelles nous remplissons notre tâche, au milieu du bruit des machines, des conversations, des discussions du personnel ouvrier, interrompus à chaque instant par les nécessités du service de la fabrication, on comprendra la difficulté qu'il y a pour nous, de calculer dans de telles conditions, et que notre métier est tout autre que celui des agents travaillant dans le calme des bureaux.

Cette comptabilité consiste en la tenue des feuilles de paye, plusieurs d'entre elles sont à rendement et nécessitent des calculs très longs ; la tenue des magasiniers, des 40, des 41, des feuilles 51 et des registres 41-A. Nous établissons les 42 et les 75, nous dressons les états de prévision, nous faisons les états de rendement, les prix de revient ; ces trois derniers travaux étaient anciennement faits par les ingénieurs. Nous tenons à jour les registres de mutations, les livrets d'ouvriers, les carnets de taux pour cent de salaires moyens, de retenues judiciaires, d'entrées et de sorties des produits fabriqués, les carnets de renseignements divers : maladies, absences, anciennetés, ces derniers ayant une importance très grande, car la moindre erreur léserait, non seulement les ouvriers dans leurs droits, mais attirerait des réclamations de leur part, d'où pourraient surgir des conflits toujours regrettables. Nous formulons des rapports en cas d'accident ou de bris de matériel.

A côté de ces attributions et de tant d'autres, dont l'énumération serait peut-être fastidieuse, nous devons assurer le service de l'ouverture des portes, de l'entrée, de la sortie. Nous devons assister au service de la fouille, assurer celui de la sûreté par des rondes journalières. Nous sommes chargés du chauffage, de l'éclairage ; arrivés les premiers dans l'Etablissement, nous en sortons les derniers.

Nous devons enfin maintenir l'ordre et la discipline dans les ateliers, et, comme nous le verrons plus loin, la chose est d'autant plus difficile, qu'en toute circonstances il nous est recommandé d'user de plus en plus de tact, de prudence et de conciliation, en même temps que l'on exige que nous veillions strictement à l'exécution des ordres donnés pour la fabrication des produits.

Immédiatement en contact avec les ouvriers, nous les conseillons, nous les dirigeons. Nous faisons le même nombre d'heures de présence qu'eux, et si l'on considère que nous sommes astreints à une discipline sévère, à une assiduité constante, l'on aura une idée exacte de ce qu'est notre vie à nous, qui rendons non seulement des services précieux au Trésor, mais qui évitons souvent des ennuis graves à l'Administration.

***

Nous venons d'exposer les travaux d'écritures qui nous incombent d'après le decret précité, nous venons d'énumérer les corvées qui font partie de notre métier ; nous allons maintenant montrer le côté technique de notre fonction. Cette partie de notre tâche n'est pas la moins lourde, ni la moins délicate, et pour la mener à bien, notre responsabilité, non seulement morale, mais matérielle, est grande, puisque la moindre faute peut se traduire par un retard dans l'avancement.

Depuis quelques années, les syndicats, en vertu même de leur raison d'être, cherchent de plus en plus à faire prévaloir leurs idées. Il en résulte, qu'au cours de leurs luttes incessantes, les règles de la discipline se trouvent parfois atteintes et de ce fait notre rôle est devenu particulièrement difficile.

Les ordres des employés supérieurs ne peuvent plus être transmis avec la même facilité qu'autrefois. Nous devons, pour cela, user de tact, de prudence, de diplomatie ; nous devons faire appel aux bons sentiments du personnel ouvrier, et lui faire comprendre que l'ordre donné n'est pas une entrave à la facilité de son travail, mais une mesure de garantie pour sa bonne exécution.

La bonne exécution du travail ! Voilà le côté difficile de notre rôle, car si, comme nous le verrons par la suite, notre infériorité matérielle comparativement au gain de l'ouvrier est appelée à durer de longues années, il s'agit pour nous d'avoir sur lui une supériorité technique, sous peine de perdre le semblant d'autorité que nous possédons.

Pour nous aider dans cette tâche, pour acquérir cette supériorité, nous n'avons hélas! le plus souvent, que notre esprit d'initiative et encore faut-il le soumettre aux exigences du tempérament ouvrier, combatif de son naturel, et cela sans attendre aucune aide de l'Administration; car en nous aidant à acquérir une valeur technique, elle reconnaîtrait en même temps la légitimité d'un traitement meilleur pour nous.

Alors, pour être à la hauteur de notre tâche, il nous faut étudier et connaître les différentes préparations du tabac, pour saisir et utiliser au point précis tous les phénomènes résultant de la fermentation, de la torréfaction, de la mouillade, du séchage, des affinités hygrométriques et de tant d'autres points délicats pour lesquels des observations minutieuses sont indispensables.

Il faut savoir et connaître les qualités, les sortes, les origines, les mélanges à faire pour obtenir tel produit donné. Il faut savoir, pour faire la distribution de ces matières, pour faire remarquer les défauts de confection, et ce en toute connaissance de cause; pour faire des réceptions, pour distribuer des rejets en signalant les côtés de la malfaçon; pour, enfin, recevoir des réclamations, présenter des observations. En un mot, pour acquérir l'autorité du savoir, nous observons, nous étudions, nous approfondissons toujours et sans cesse, jusqu'au jour où nous la possédons enfin.

Alors, non seulement nous pouvons guider le personnel ouvrier, mais nous pouvons aussi fournir aux employés supérieurs, qui feignent de nous reconnaître peu de valeur sur ce point, une foule de renseignements sur les produits mis en œuvre, de même que sur les détails de la fabrication. Ces renseignements nous sont demandés journellement, car les ingénieurs, absorbés sans doute par la grande quantité de documents et rapports qu'ils ont à fournir, et par les réclamations toujours plus nombreuses qu'ils ont à entendre, restent attachés dans leur cabinet et comme conséquence, sont obligés d'espacer de plus en plus leurs visites dans les ateliers.

Nous croyons nécessaire d'ouvrir ici une parenthèse; nous avons été, à un certain moment, soupçonnés, non seulement de ne pas enrayer, mais peut-être aussi d'encourager le laisser-aller qui, à diverses reprises, a pu se manifester dans les Manufactures.

En l'espèce, on nous rendait responsables de l'accroissement de la production, de l'élévation des salaires et comme conséquence, responsables de la mauvaise qualité des produits manufacturés.

Cet état de choses assurément regrettable ne nous incombe en aucune façon, et nous tenons à assurer l'Administration que nous faisons tous nos efforts pour que ses produits soient d'une qualité irréprochable; si nous ne pouvons y réussir complètement, il faut en chercher les causes ailleurs. Quant à nous, nous devons dire ici que nous avons toujours fait, et que nous ferons encore tout notre devoir, et quelquefois, même plus que notre devoir.

Nos prédécesseurs ont pu se dispenser de cette éducation particulière. Leurs paroles faisaient généralement autorité lors d'un incident surgi dans les ateliers, ce qui n'était peut-être pas l'expression d'une justice parfaite, mais de par la valeur de cette autorité, librement consentie et acceptée, ils avaient mieux en main un personnel plus docile.

De nos jours, des libertés nouvelles ont été accordées au personnel ouvrier, et comme son éducation n'a pas suivi la progression de son émancipation, il est inévitablement porté vers l'abus de ces libertés, en opposant une résistance systématique à l'influence des chefs d'ateliers, dans tous les ordres transmis ils sont enclins à les considérer comme étant de notre propre émanation, de notre seule initiative, ou s'ils n'émettent pas une pareille opinion, ils n'en commencent pas moins à manifester immédiatement contre nous, la contrariété résultant pour eux de toute nouvelle mesure prescrite, sans penser que nous ne faisons qu'accomplir un devoir auquel nous ne saurions nous soustraire.

Voilà ce qui rend notre tâche très pénible, car elle comporte une succession de discussions, de contradictions et d'humiliations imméritées.

C'est pour faire face à cet esprit nouveau que nous devons posséder l'autorité du savoir et chercher à être, en dehors de nos attributions de comptables, des contremaîtres d'une valeur technique indiscutable.

Cette valeur technique existe, et l'Administration doit le reconnaître, nous venons de lui démontrer que nous avons, ou que nous devons acquérir un bagage professionnel que nous appliquons à la bonne marche des services que nous sommes appelés à diriger. Ah ! ce n'est pas sans difficultés, sans tâtonnements, sans heurts, que nous acquérons les connaissances techniques nécessaires, nous devons souvent faire preuve d'abnégation, notre amour-propre est souvent soumis à de rudes épreuves, nous devons gravir, pour nous instruire, une sorte de calvaire dont chaque nouveau poste est une marche dure à franchir, mais qui élargit d'autant notre horizon professionnel,

C'est justement parce que les difficultés sont plus grandes, parce que l'effort doit être plus considérable, pour, dans l'exercice de nos fonctions, donner satisfaction à nos chefs, que l'Administration devrait reconnaître le bien-fondé de nos demandes en leur donnant une suite favorable, en aidant à faire relever notre traitement matériel et en reconnaissant le principe admis dans l'industrie privée, et reconnu pour nous par la loi de 1875; que le salaire du contremaître doit être plus élevé que celui de l'ouvrier qu'il commande.

Nos prétentions ne sont pas exagérées, nous demandons à être traités et considérés suivant les services que nous rendons. Cela n'a rien que de légitime.

***

Nous venons de définir, aussi exactement que nous avons pu le faire, notre rôle, nos fonctions, nos attributions multiples. Nous sommes, suivant la définition d'un ministre, M. Cochery, des agents placés entre « l'enclume et le marteau » et dont la mission est complexe. On chercherait vainement une situation similaire, une profession comparable à la nôtre, non seulement dans l'industrie privée, mais encore dans les administrations voisines. Que nous sommes loin du tableau tracé en 1906 par nos administrateurs fournissant des renseignements à notre sujet, à un membre de la commission du budget : « Quelques écritures, un peu de surveillance, métier particulièrement doux ».

On a pu constater par ce qui précède, que ce tableau ne ressemble en rien à la réalité.

Nous disons que nos fonctions sont incomparables de par leur complexité même, et cependant notre qualité n'est pas définie, nous sommes des agents à l'état hybride, la considération que l'on nous accorde varie suivant les besoins du moment; aujourd'hui on nous accorde que nous sommes des fonctionnaires, hier et demain, nous étions, ou nous serons, des ouvriers de choix. Nul texte ne définit la qualification à laquelle nous avons droit. Sommes-nous des fonctionnaires?

Nous répondons : non !

Un fonctionnaire est un dépositaire, à un degré quelconque, de la puissance publique, qu'il peut et doit exercer dans des circonstances et dès limites plus ou moins déterminées.

Or, nous ne détenons pas la plus petite parcelle de la puissance publique et, conséquemment, nous n'avons à l'exercer nulle part et en aucune circonstance. Nous sommes les instruments d'une exploitation industrielle dont l'Etat est le patron, et notre situation au point de vue public ne doit différer en rien de la situation des autres employés de l'industrie. Nous sommes des collaborateurs de l'Etat-industriel et non les agents de l'Etat puissance publique.

Toute autre est la situation des employés supérieurs placés à notre tête, lesquels possèdent la double capacité, nettement distincte l'une de l'autre : en premier lieu, comme fondés de pouvoirs de l'Etat puissance patronale, en second lieu, comme *représentants commissionnés* de l'Etat, puissance publique.

Tout ce qu'on a pu dire et écrire jusqu'à ce jour, ne nous a pas conféré la plus petite parcelle de la puissance publique; nous restons ce que nous avons toujours été, c'est-à-dire des employés d'une exploitation industrielle, sans qualification bien définie. On nous a souvent dit : Vous êtes des fonctionnaires, ou : Je vous considère comme des fonctionnaires. Cette affirmation est anodine, une appellation de circonstance ne peut rien changer à notre état véritable.

Après comme avant, nous n'avons pas qualité pour donner officiellement une signature, nous n'avons pas le droit de dresser un procès-verbal, nous ne sommes gestionnaires à aucun titre et en aucune manière, nous ne sommes comptables, ni en matières, ni en deniers, et travaillons sous la direction et la responsabilité de comptables et de gestionnaires dûment commissionnés.

La précaire autorité que nous pouvons exercer vis-à-vis du personnel ouvrier, nous vient d'une délégation patronale. La hiérarchie des grades ne peut que donner l'illusion d'un fonctionnarisme de façade, car nous ne possédons ni pouvoir, ni délégation, ni mandat.

Nous ne sommes donc pas des fonctionnaires.

Dans l'état actuel, une seule mesure pourrait transformer notre situation et nous fonctionnariser : le commissionnement. Du jour où l'Administration décidera de nous commissionner, et exécutera sa décision, ce jour-là, seulement, nous serons des fonctionnaires. Mais ce jour ne luira vraisemblablement jamais pour nous, car elle sait bien qu'à une augmentation de capacités devra correspondre une augmentation de subsides.

Nous savons bien que l'Administration nous a demandé si nous voulions être commissionnés, elle a même fait un referendum à ce sujet, referendum sur lequel nous reviendrons dans une autre partie de ce mémoire, mais il a été fait dans des conditions tellement mauvaises, que nous sommes toujours restés des employés du patron-Etat représenté par ses fondés de pouvoirs.

Sommes-nous des ouvriers ?

La question est discutable, mais sans vouloir entrer dans de trop longs détails, nous savons qu'en principe on nous refuse cette qualification. Nous ne sommes d'ailleurs plus groupés sous le régime de la loi de 1884, et ce, sur les pressantes instances de l'Administration.

Notre situation administrative a donc besoin d'être définie et réglementée. Dans différents Congrès, nous avons émis des vœux, qui ont été présentés à la Direction générale, demandant à ce que nous soyons classés dans l'une ou l'autre des deux catégories : fonctionnaires ou ouvriers, et que cette décision soit sanctionnée par une loi ou par un décret.

Nous laissons à l'Administration et à M. le Ministre des finances de nous classer dans l'une ou l'autre des deux catégories ci-dessus désignées; mais nous les prions instamment de nous sortir de l'état hybride actuel, parce qu'il serait juste que nous participions aux avantages qui s'attachent à une fonction, quelle qu'elle soit, lorsqu'on en assume tous les devoirs.

***

La conclusion de cet exposé, qui, quoique long, est forcément incomplet, et dans lequel nous nous sommes efforcés de faire comprendre l'importance de nos fonctions, est que nous rendons les plus grands services à l'Administration, dont nous soutenons constamment les intérêts. Elle ne peut agir, si nous ne sommes pas là, pour faire sentir du haut en bas son action. Sans nous, la machine administrative peut souffler à son aise, ses roues et ses engrenages, privés de leurs courroies de transmission, tourneront follement dans le vide.

Que demandons-nous donc en compensation de nos services ?

Oh ! peu de chose.

Comme traitement moral, nous désirons que notre qualité soit mieux définie et sanctionnée par un décret.

Nous demandons à ce qu'on nous accorde un peu plus de considération, ce qui nous rehaussera auprès du personnel que nous sommes appelés à diriger.

Nous voudrions être déchargés de toutes ces corvées : ouverture des portes intérieures, service de l'entrée, rondes, etc., corvées qui jettent un discrédit sur notre corporation et qui peuvent être assurées soit par les concierges, soit par les veilleurs de nuit.

Nous voudrions que les membres du corps des préposés soient appelés à collaborer dans les commissions s'occupant de questions professionnelles. Nous pourrions quelquefois donner d'utiles renseignements à ce sujet. De plus, nous désirons que dans le cas de révision ou de modifications à apporter à notre règlement ou à notre statut, nos représentants soient consultés. Il devrait en être de même lorsqu'il s'agit de l'application d'une réforme, quelle qu'elle soit, nous intéressant particulièrement.

Dans les conflits occasionnés par les nécessités du service, entre préposés et ouvriers, nous voudrions qu'une confiance plus grande soit accordée à nos paroles; nous voudrions être mieux soutenus que nous ne le sommes lorsque la transmission d'un ordre cause de l'effervescence parmi le personnel ouvrier, et ne pas nous sacrifier, tout en nous félicitant, pour donner satisfaction au dit personnel.

Nous voudrions voir cesser, de la part de nos chefs, non pas peut-être le dédain, mais cette sorte de froideur avec laquelle ils nous reçoivent. Nous désirons, tout en restant fortement disciplinés, et en conservant une entière confiance en nos chefs, sentir que tout en étant leurs subordonnés, nous sommes un peu leurs collaborateurs.

Nous demandons enfin l'abrogation du règlement de 1862 et ce pour les raisons que nous faisons valoir d'autre part. Ce règlement date de l'Empire, il est resté immuable dans ses grandes lignes, tandis que tout changeait autour de lui. Il apparaît comme antédiluvien. Il faut qu'il soit renouvelé en l'adaptant à nos fonctions actuelles.

Comme traitement matériel, et ce en dehors des questions qui sont traitées dans la suite de ce mémoire, nous voudrions que l'on procédât au relèvement de nos appointements, afin qu'ils soient au moins égaux dès le début de notre carrière, aux salaires des ouvriers, car de nos jours, l'autorité ne provient malheureusement pas d'une supériorité morale, mais bien pécuniaire.

Nous savons bien que les nécessités budgétaires obligent à restreindre les dépenses publiques, nous comprenons que la tâche de l'Administration est difficile, mais non pas impossible, car en certaines circonstances et pour une certaine catégorie de son personnel, elle sait trouver les crédits nécessaires et cela s'explique : le monopole des tabacs donne chaque année d'importantes plus-values, dont une certaine partie est due, quoi qu'on en dise, à notre initiative et à notre zèle. Il est donc réellement impossible de ne pas nous en tenir compte, pour nous faire une situation comparable à celle d'employés d'autres administrations, voire même à celle du personnel ouvrier des Manufactures, qui est meilleure que la nôtre, tout au moins pendant les quinze premières années de notre carrière.

Que les satisfactions matérielles que nous désirons ne puissent nous être toutes accordées immédiatement, cela peut se concevoir et s'expliquer, mais qu'au moins l'Administration ne tarde plus à nous accorder le relèvement moral que nous sollicitons, ce sera pour nous la preuve d'un encouragement et d'une considération que nous savons mériter.

Nous tenons à déclarer, en terminant, que le corps des préposés est animé d'idées républicaines, qu'il n'a aucune intention de révolte, mais au contraire, toute confiance dans l'esprit de clairvoyance et de justice des pouvoirs publics.

Pensions de retraite

I. — Historique

Dans l'ancien droit, l'usage s'était établi de laisser aux officiers du roi leurs gages à vie. Après vingt ans au moins de bons et loyaux services, on leur délivrait des **lettres de vétérance**, qui comportaient même exemption de la taille et de certaines charges publiques. Cela apparaissait comme un acte de justice. La concession de toutes les autres pensions était en l'absence de règles fixes, livrée le plus souvent à l'arbitraire et au favoritisme.

Mais jusqu'en 1768, « les anciens employés des fermes, qui avaient consumé leur jeunesse et leurs forces dans le travail, disent les encyclopédistes, ceux qui dans leurs fonctions, éprouvaient des accidents qui les mettaient hors d'état de continuer leurs fonctions, n'avaient dans ces tristes conjonctures, d'autre espérance que dans la justice, l'humanité et la libéralité de leurs commettants ». Ce n'est qu'à cette époque que la *Ferme Générale* ayant senti la nécessité d'assurer le sort de ses nombreux employés, institua une caisse de retraites, dont les fonds étaient, aux termes du règlement approuvé par le Ministre des finances, le 21 février 1768, constitués à la fois par une retenue de 3 % sur les traitements, par une subvention annuelle égale au produit des retenues, enfin par le produit des vacances. C'est ce règlement édicté par l'ancienne Ferme, en faveur, tout d'abord de *ses agents* des gabelles et des tabacs, et qu'elle étendit par la suite à toutes les autres parties de ses services, le premier soumettant les pensions civiles à un régime équitable et régulier, qui constitua beaucoup plus que la loi des 3 et 22 août 1790, le véritable précédent de la législation actuelle qui règle les conditions de retraites des divers fonctionnaires des administrations françaises.

La Révolution supprima la Ferme Générale et érigea, par les lois des 3 et 22 août 1790, les pensions en dette reconnaissance de la part de l'Etat », en prenant pour base l'importance et la durée des services rendus.

Les ministres, les sous-secrétaires d'Etat, les membres du Conseil d'Etat, les préfets, les sous-préfets, sont encore régis par cette loi qui ne les soumet à aucune retenue ni n'exige d'eux des sacrifices d'aucune sorte.

Les employés des ministères ni des différentes administrations, ne pouvant pas prétendre au bénéfice de cette loi, reprirent l'idée de la Ferme Générale et proposèrent au Gouvernement de leur constituer des pensions à l'aide d'un fonds de retenue sur leurs traitements.

Par un décret du 4 brumaire, an IV, la Convention Nationale entra dans cette voie de prévoyance et d'économie pour l'Etat, puisqu'au moyen d'appointements peu élevés, elle lui permettait d'effectuer en deux fois le paiement du travail accompli : partie au comptant (appointements) et partie à terme (retraites) et que, si nombreux sont ceux à qui la première fraction du salaire est payée, bien peu nombreux sont ceux qui toucheront la seconde fraction : la retraite.

Elle décida donc de commencer par les agents de l'enregistrement et des domaines, auxquels elle imposa une retenue de 1 % sur leurs traitements, et voulut ensuite que le fonds ainsi constitué eut pour les intéressés, les avantages d'une tontine.

C'est ainsi que furent successivement constituées les caisses de retraite de toutes les administrations, auxquelles l'Etat fut forcé de fournir des subventions tout en faisant passer petit à petit, la retenue, de 1 % d'abord, à 2 1/2, par décret du 12 floréal, an XIII, afin d'assurer des pensions aux veuves et aux orphelins, puis à 5 %, par ordonnance du 12 janvier 1825. Les règlements de ces différentes caisses variaient à l'infini, soit quant aux conditions d'âge ou de services exigées pour avoir droit à pension, soit quant à sa quotité. Cependant, par l'ordonnance royale du 12 janvier 1825, qui est restée jusqu'en 1853 la loi de tous les fonctionnaires et employés du ministère des finances et des diverses directions générales qui en dépendent, les sept caisses spéciales alors établies pour subvenir au paiement des pensions de retraites des employés du ministère des finances et des régies financières, furent réunies en une caisse commune, sous la dénomination de *Caisse générale des pensions de retraite des fonctionnaires et employés des finances.*

Les caisses spéciales de retraites des préposés et ouvriers des Manufactures royales de tabacs n'avaient pas été réunies aux autres caisses de retraites du ministère des finances. Les agents qui y versaient avaient continué à ne subir que la retenue de 2 1/2 %, aussi, furent-elles purement et simplement supprimées par l'article 117 de l'Instruction générale du 30 juin 1832 qui décidait en même temps : 1° que la régie pourvoirait au paiement du médecin-chirurgien attaché à chaque Manufacture ; 2° que la retenue cesserait d'être exercée, et qu'il serait immédiatement procédé à la liquidation de ces caisses et à la répartition entre les ouvriers, des sommes s'y trouvant.

Mais en 1852, l'Administration décida que, sans subir de retenues, les chefs d'ateliers, contremaitres et chefs d'ouvriers pourraient obtenir des secours annuels après trente ans de services et 60 ans d'âge, pouvant atteindre le tiers de leurs gages des quatre dernières années d'activité, reversibles sur les veuves, jusqu'à concurrence de la moitié, à la condition qu'au décès du mari, elle soit âgée de 50 ans, et que le mariage ait précédé ce décès de cinq années (art. 143, 145, 146 de l'Instruction générale du 28 avril 1852).

Survint la loi du 9 juin 1853 sur les pensions civiles, qui régla alors d'une manière générale et définitive toutes les pensions de retraites des fonctionnaires de l'Etat.

A cette époque, les préposés, jusqu'au grade de contremaitres, ne recevaient que des salaires à la journée ; il leur fallait compter de nombreuses années pour être appointés au mois. Est-ce la raison pour laquelle ils n'ont pas bénéficié de cette loi, ou est-ce un oubli dont ils ont été victimes ?

Le § 1er de l'art. 3 de la loi du 9 juin 1853 dit cependant que « tous les fonctionnaires et employés directement rétribués par l'Etat et nommés à partir du 1er janvier 1854 ont droit à pension, conformément aux dispositions de cette loi ». Les fonctionnaires et employés immatriculés dans les cadres d'une administration publique et recevant une rétribution directe sur les fonds prévus au budget, devraient donc tous y être soumis, les préposés des Manufactures de l'Etat comme tous les autres agents.

A la séance du Corps législatif du samedi 14 mai 1853, M. le député André faisait remarquer en effet « que les termes du § 1er de l'art. 3 étaient aussi généraux que possible, il aurait voulu qu'on déterminât d'une manière plus précise à quelle catégorie de serviteurs de l'Etat la loi devait être appliquée, et c'est pour qu'il ne restât aucun doute sur ce point, que la commission avait demandé l'annexion à la loi, d'un tableau dans lequel cette nomenclature aurait été fixée. Le Conseil d'Etat n'a pas accepté cette proposition. Il était cependant bien nécessaire, disait l'orateur, de savoir à quoi s'en tenir, puisque la commission était déjà saisie de plusieurs réclamations, les employés et ouvriers de l'Imprimerie nationale et les ouvriers de la Manufacture des tabacs ayant demandé à bénéficier de la loi, il désirait savoir quelle règle on suivrait quand des personnes comprises dans ces catégories demanderaient qu'une pension soit liquidée à leur profit ».

M. de Parieu, président de section au Conseil d'Etat, commissaire du Gouvernement, lui répondit : « Qu'en ce qui concernait les employés et ouvriers de l'Imprimerie nationale, leur caisse particulière était conservée ; que quant aux ouvriers des Manufactures des tabacs les termes du projet étaient bien précis, qu'il n'y était parlé que des fonctionnaires et employés, et que les ouvriers n'avaient donc pas à en réclamer le bénéfice ».

La réponse ne visait pas les préposés des Manufactures de tabacs, on avait évité de parler d'eux.

Le décret du 9 novembre 1853 qu'est le règlement d'administration publique ayant pour objet l'exécution de la loi du 9 juin précédent, ne fait pas connaître non plus quels sont les fonctionnaires et employés auxquels elle devait s'appliquer.

Néanmoins, le tableau en avait été dressé et communiqué à la commission. Qui nous dit que nous n'y étions pas compris, puisque dans la discussion au Corps législatif, divers orateurs avaient même signalé parmi les classes nouvelles de fonctionnaires qui, d'après la loi de 1853 avaient droit à pension, *les cantonniers*, qui n'ont jamais bénéficié de cette loi. La raison de l'exclusion des préposés ne peut donc guère s'expliquer, car s'ils sont fonctionnaires aujourd'hui, ils ne l'étaient pas moins en 1853.

Cependant, en dehors des préposés au mois, auxquels seuls, comme il est dit plus haut, elle allouait des secours annuels égaux au tiers des gages des quatre dernières années, personne, dans son personnel secondaire, n'avait droit à pension, elle n'accordait qu'à titre gracieux aux surveillants et aux ouvriers qu'une simple indemnité de licenciement, une fois payée, et non renouvelable quand ces surveillants et ouvriers quittaient leur travail après plus de trente ans de services et soixante ans d'âge, basée sur le temps de service, à raison, pour les Manufactures, de 2 fr. 60 par année, pour les hommes, et 2 fr. 10 pour les femmes ; pour les Magasins, cette indemnité n'était que de 2 francs par an pour les hommes, et 1 fr. 50 pour les femmes, sans pouvoir dépasser 100 francs pour les femmes, et 150 francs pour les hommes.

C'est alors que s'inspirant des dispositions de la loi du 18 juin 1850 sur la Caisse des retraites pour la vieillesse créée sous la garantie de l'Etat, l'Administration décida d'obliger, à partir du commencement de 1862, la totalité de son personnel secondaire (préposés et ouvriers) à effectuer des versements à cette caisse.

Dans son esprit, et ainsi qu'elle l'a déclaré à la commission d'enquête parlementaire de 1875, cette mesure devait assurer à tous les préposés et ouvriers, lorsque l'âge aurait affaibli leurs forces, une pension de retraite pouvant atteindre le niveau de leur ancien salaire annuel, si la durée de leurs services avait été suffisamment longue.

Les gages et salaires avaient été augmentés à la même époque, de telle sorte que la retenue obligatoire pour la caisse des retraites fut supportée toute entière par l'Administration, et qu'elle ne vint pas diminuer le salaire réellement touché par les ayants droit.

En faisant participer ses agents secondaires à la Caisse des retraites, l'Administration avait majoré les gages et salaires d'une somme annuelle de 400.000 francs environ pour le service des tabacs, alors que les secours payés d'après les anciens règlements aux préposés et ouvriers réformés montaient à peine chaque année à 45.000 francs.

Les dispositions prescrites pour régler les détails d'application du règlement à ses agents secondaires avaient été calquées sur celles relatives aux pensions civiles, mais la pension des préposés âgés de plus de 60 ans, et comptant trente années de services, tout en restant fixée au tiers comme dans le règlement de 1852, n'était plus basée que sur la moyenne des gages des six dernières années, au lieu de l'être comme avant sur la moyenne des quatre dernières années, cette pension n'était plus reversible sur la veuve jusqu'à concurrence de la moitié que si elle avait atteint l'âge de 50 ans au moment du décès de son mari, et que si le mariage avait précédé de six ans au moins la mise à la réforme de ce dernier. En revanche, à défaut de la veuve, cette pension était reversible sur les enfants mineurs. Lorsque la condition de durée de mariage était remplie, mais que la veuve avait moins de 50 ans, elle recevait un secours annuel déterminé d'après la vie probable, à 50 ans et à son âge réel, et conséquemment, toujours inférieur à celui qu'elle aurait touché si elle avait atteint l'âge de 50 ans lors du décès de son mari. Mais le minima du tiers des appointements comme retraite n'était toujours garanti qu'aux préposés payés au mois avant 1862. Ce n'est qu'à partir du mois de janvier 1882 que l'Administration, voulant augmenter à la fois les gages et les salaires, décida qu'elle ferait elle-même les frais des versements obligatoires à la Caisse des retraites, au moyen de majorations.

Cependant, de 1862 à 1882, différentes mesures avaient été prises en ce qui concernait la retraite des préposés, et toujours, ainsi qu'il était spécifié dans les circulaires (par analogie avec la loi du 9 juin 1853), retenue du premier mois de chaque augmentation, secours annuels du tiers des gages après trente ans de services, quel que soit l'âge en cas d'infirmités, concours de la durée du service militaire pour établir le droit au secours annuel, augmentation des secours annuels qui ont été majorés, pour chaque année de service au-delà de trente, d'un 60e du traitement annuel moyen, sans pouvoir excéder la moitié de ce traitement moyen, décompte des services civils, seulement à partir de l'âge de 20 ans accomplis ; décompte des secours annuels des veuves de préposés, de manière à continuer à représenter le 1/60e du traitement du mari, étendue de la garantie du minima du secours annuel aux préposés immatriculés en 1862, au lieu de rester limité à ceux payés au mois avant 1862. Pour donner une idée de l'augmentation du taux des retraites dont elle entendait faire bénéficier les préposés en les obligeant à faire des versements, il suffira de dire qu'en se basant sur un âge d'admission à vingt ans, l'Administration estimait, ainsi qu'elle le déclarait dans le Bulletin de statistique et de législation comparée, qu'à soixante-cinq ans, une ouvrière pourrait avoir une retraite de 798 fr. 23, dépassant ainsi de beaucoup son salaire annuel d'alors, et qu'un ouvrier immatriculé à trente ans pourrait avoir 952 fr. 46 de retraite.

Malheureusement, les pronostics de l'Administration ne se réalisèrent pas, et la loi sur les syndicats professionnels ayant été promulguée, permit aux ouvriers des Manufactures de se grouper et à M. le député Lavy de prouver, dans l'un de leurs Congrès, tenu à Paris au mois de décembre 1891, qu'un vieillard qui avait travaillé quarante-cinq ans dans une Manufacture voyait sa retraite liquidée à 146 francs par an.

L'Administration elle-même le reconnut, puisque dans son règlement du 15 mars 1892, portant fixation du minima de la retraite des ouvriers à 600 francs et de celle des ouvrières à 400 francs, elle déclara que (lorsqu'en 1862, l'Administration appela son personnel ouvrier à participer à l'institution de la caisse des retraites, elle avait calculé qu'étant donné le taux d'après lequel les tarifs de cette caisse étaient alors établis, des versements s'élevant à 4 % environ des salaires individuels procureraient aux intéressés une pension suffisante pour subvenir aux besoins essentiels de l'existence après leur sortie des établissements. Mais que depuis cette époque, deux causes principales avaient contribué à amoindrir les résultats sur lesquels ont avait cru pouvoir compter à l'origine.

En premier lieu, les conditions de cherté de vie qui ont partout augmenté dans une forte mesure, et en second lieu les nouveaux tarifs de la caisse des retraites établis en partant d'un taux d'intérêts plus réduit et d'après une nouvelle table de mortalité, moins avantageux pour les déposants que l'ancienne table de de Parcieux.

Tout d'abord, et en dehors des cas d'invalidité, ces pensions minima ne furent assurées aux ouvriers qu'à l'âge de 65 ans et après trente ans de services. Elles devenaient reversibles sur la veuve et sur les orphelins jusqu'à concurrence du tiers et sans pouvoir être inférieures à 200 francs; dans l'évaluation de la durée des services, on comprenait désormais le temps de présence sous les drapeaux ou dans tout autre service dépendant de l'Etat; on laissait au conjoint étranger, quel que soit son âge, la libre et entière disposition de sa pension de retraite, alors même que l'autre conjoint serait encore au service de l'Administration, et de plus les rentes viagères des conjoints d'ouvriers n'entraient pas en ligne de compte dans la détermination des pensions de 600 et de 400 francs.

Une décision ministérielle du 12 avril 1893 n'exigea plus que trente ans de services et 60 ans d'âge des ouvriers, pour avoir droit au minima de pension sus indiqué et spécifia, en outre, qu'à 60 ans, l'ouvrier comptant trente ans de services et continuant son travail, verrait sa pension minima s'augmenter pour chaque année de services en sus de 1/30e des chiffres qui précèdent.

Puis une autre circulaire du 13 février 1896, n° 40, accordait aux ouvriers la faculté de continuer leur travail trois mois à partir de la date fixée pour l'entrée en jouissance de leur pension minima en prescrivant que, lorsque la sortie définitive aurait lieu avant l'expiration de la période ainsi définie, l'ouvrier recevrait une indemnité de licenciement de 100 francs pour les hommes et de 75 francs pour les femmes.

De plus, il était dit que l'ouvrier reconnu incapable de continuer son travail, aurait droit à une pension minima de 600 francs pour les hommes et de 400 francs pour les femmes, quel que soit son âge, s'il comptait trente ans de services à l'Etat; la condition d'âge n'était pas davantage exigée pour les retraites proportionnelles après vingt ans de services.

Une décision ministérielle du 26 mai 1898 décidait en outre, qu'en cas d'invalidité prématurée, si l'infirmité était la conséquence de l'occupation à la Manufacture, s'il s'agissait en d'autres termes d'une invalidité professionnelle, la pension minima de 400 francs et de 600 francs serait assurée intégralement, quelle que soit la durée de ses services, à tout ouvrier titulaire âgé de 55 ans au moins.

Enfin la loi de finances du 8 avril 1910 élève à 720 francs pour les hommes et à 540 francs pour les femmes, les minima de pension des ouvriers comptant 60 ans d'âge et trente ans de services à l'Etat, en spécifiant que les mêmes minima seraient substitués à ceux précédemment admis pour le calcul des pensions d'invalidité intégrales ou proportionnelles. Ces nouveaux minima ont été accordés, moyennant l'élévation au taux de 5 % des majorations par l'Etat des salaires ouvriers, jusqu'alors fixées au même taux que celle des préposés (4 %) et d'une retenue de 1 % sur les mêmes salaires.

***

En établissant des règles uniformes pour la liquidation des pensions, la loi de 1853 constituait un progrès. Ainsi, en ce qui concernait la reversibilité des pensions sur les veuves et sur les orphelins, elle en arrêtait la proportion au tiers, quel que soit l'âge de la veuve, alors qu'antérieurement, la pension n'était que du quart pour la veuve sans enfants, et âgée de moins de 50 ans, d'après les règlements du ministère des finances, et qu'elle était de moitié dans d'autres administrations.

Plusieurs projets ayant pour but de remanier cette loi ont été déposés, mais en attendant qu'ils aboutissent, différentes lois récentes y ont apporté, dans l'intérêt des fonctionnaires, d'importantes modifications de détail.

Nous citerons notamment l'art. 50, § 1er de la loi du 28 avril 1893, au terme duquel les services militaires compris dans la liquidation des pensions civiles, seront calculés d'après le minimum affecté au grade par les lois en vigueur à la date où ils ont été terminés.

Le § 2 du même article réalise une autre amélioration notable : jusqu'alors, à l'exception des cas prévus par l'article 15 pour les agents ayant alternativement servi dans la partie active et dans la partie sédentaire, la veuve d'un fonctionnaire ne comptant pas quinze ans de services civils actifs n'avait droit à pension que si la durée des services militaires ou civils de son mari étaient de trente ans au moins. Le § 2 en question dispose que la veuve de tout fonctionnaire ou employé décédé postérieurement au 31 décembre 1892, après vingt-cinq ans de services aura droit, si elle compte six ans de mariage, à une pension égale au tiers de la pension produite par la liquidation des services de son mari. Une pension de même importance sera accordée à l'orphelin ou aux orphelins mineurs du fonctionnaire, lorsque la mère sera décédée ou inhabile à recueillir la pension ou déchue de ses droits. Après le vote de cet article, il fallait encore que sur les vingt-cinq ans exigés, le fonctionnaire comptât au moins douze années de services civils sédentaires ou dix ans de services civils actifs. Cette condition a été supprimée par l'article 44 de la loi du 13 avril 1898. Il suffit désormais que le fonctionnaire compte en tout vingt-cinq années de services militaire ou civil, et que, bien entendu, la condition relative à la durée du mariage soit remplie.

Enfin, différentes lois ont classé dans la partie active des fonctionnaires qui n'y étaient pas compris en 1853, notamment celle du 17 août 1876, qui y admet les inspecteurs de l'enseignement primaire, les professeurs d'écoles normales primaires, les instituteurs et institutrices primaires, desquels il n'est plus exigé que vingt-cinq ans de services et cinquante-cinq ans d'âge pour avoir droit à la moitié de leurs appointements comme retraite, cette retraite étant calculée à raison d'un 50e par année de services, et que vingt-cinq ans de service sans conditions d'âge, au cas ou ces fonctionnaires seraient reconnus incapables de continuer leurs fonctions.

A l'âge de quarante-cinq ans, en cas d'infirmités constatées, les fonctionnaires classés dans le service actif, entrés à l'âge de vingt ans, peuvent avoir une retraite égale à la moitié de leurs appointements. Dans tous les cas, à cinquante-cinq ans d'âge et après trente-trois ans et demi de services, ils peuvent prétendre, même sans infirmités, aux deux tiers de leurs appointements comme retraite.

Jusqu'à ces dernières années, en effet, le maximum de la pension était fixé, pour la plupart des administrations, à la moitié du traitement moyen des six dernières années, lorsque ce traitement excédait 3.200 francs sans dépasser 8.000 francs. Mais une série de dispositions insérées dans les lois de finances ont étendu aujourd'hui à toutes les catégories de fonctionnaires, le bénéfice du classement dans la 2e section du tableau no 3 annexé à la loi de 1853, c'est-à-dire fixé le maximum de la pension aux deux tiers du traitement moyen. Toutefois, ces dispositions ne s'appliquent qu'aux fonctionnaires dont le traitement moyen est compris entre 2.400 fr. et 8.000 francs, et la pension de ces fonctionnaires ne peut excéder 4.000 francs.

C'est par une loi du 29 mars 1897 que cette amélioration a été accordée pour la première fois aux agents des ponts et chaussées, après que deux lois précédentes, l'une du 26 février 1887 et l'autre du 4 mai 1892, eurent attribué aux agents du service actif des douanes et à ceux des forêts, des maximums de pensions égaux aux 3/4 du traitement afférent au grade dont l'agent était titulaire. Les pensions des agents des postes et télégraphes ont été bonifiées comme celles des agents des ponts et chaussées, par la loi du 30 mai 1899, article 27, celles des agents des contributions indirectes le furent par la loi de finances du 13 avril 1900.

A la séance de la Chambre des députés du 13 mars 1900, M. Georges Graux avait demandé, à propos des bonifications de pensions des agents des contributions indirectes, à étendre la majoration décidée par la loi du budget de 1900 (art. 15), aux fonctionnaires et agents des Manufactures de l'État jouissant du même traitement (2.401 à 8.000 francs). M. Caillaux, ministre des finances, tout en reconnaissant que l'assimilation était logique et justifiée, demanda le rejet de l'amendement en faisant valoir que de telles améliorations ne pouvaient se faire que par étapes, et il donna l'assurance qu'il était tout disposé à examiner avec bienveillance la situation des agents des Manufactures de l'Etat, mais qu'il n'était pas possible de tout faire à la fois (*Journal Officiel* du 14 mars 1900).

L'année suivante, le *Journal Officiel* du 26 février 1901 promulguait une loi de finances contenant un article 37 ainsi conçu : « La nomenclature de la 2e section du tableau no 3 annexé à l'article 7 de la loi du 9 juin 1853, est complétée par l'adjonction des mots : (fonctionnaires et agents des Manufactures de l'Etat aux traitements de 2.401 à 8.000 francs, sans que la pension puisse dépasser 4.000 francs).

Depuis 1901, les agents des différentes autres administrations qu'il restait à faire bénéficier du maxima des 2/3 comme retraites en ont bénéficié.

De plus, un décret du 27 mai 1897 a modifié l'article 47 du décret du 9 novembre 1853, en ce sens que le fonctionnaire admis à faire valoir ses droits à la retraite pour ancienneté, continuerait en principe à exercer ses fonctions jusqu'à la délivrance de son brevet de pension.

Une seule prohibition, celle de l'article 11 de la loi du 5 août 1879, relative aux pensions des personnels du département de la marine seulement, est venue modifier l'article 31 de la loi du 9 juin 1853, qui déclare que le cumul de deux pensions est autorisé jusqu'à concurrence de 6.000 francs, pourvu qu'il n'y ait pas double emploi dans les années de services présentées pour la liquidation.

La veuve d'un fonctionnaire civil continue donc à pouvoir cumuler, dans la limite de 6.000 francs, plusieurs pensions, soit civiles, soit militaires, qu'elle aurait eues à titre de reversion, du chef de plusieurs maris.

Enfin, à la deuxième séance de la Chambre des députés, du 2 mars 1910, MM. Lemire et Adolphe Girod ont déposé une proposition de loi tendant à faire compter, pour la retraite des fonctionnaires, toutes les années de service actif; cette proposition est ainsi conçue :

« Article unique. — Sont supprimés, dans le § 2e de l'art. 23 de la loi du 9 juin 1853, les mots suivants :

» Et à partir de l'âge de vingt ans accomplis. »

Dans leur exposé des motifs, ces deux députés déclarent « que rien n'explique cette disposition de l'article 23 qui se heurte au bon sens et à l'équité. Faire verser des retenues, disent-ils, avant vingt ans, et dire que ce temps-là ne compte pas pour la retraite, est chose tout à fait bizarre, injustifiée et digne de toutes les critiques. On n'admettrait pas une pareille disposition dans les contrats de travail entre un industriel et ses employés. La loi des retraites ouvrières et paysannes stipule bien, comme de juste, que tous les versements faits par le travailleur augmentent sa pension. Pourquoi en est-il autrement lorsqu'il s'agit des fonctionnaires et des serviteurs de l'Etat ? »

Cependant, qu'on nous permette de signaler, ajoutent-ils, une conséquence absolument pénible, absolument déplorable, de ce calcul des années de retrait basé sur ce que nous regardons comme une injustice. Que de fois n'est-il pas arrivé que des veuves et des orphelins de douaniers, d'instituteurs morts prématurément, n'ont touché aucune pension, précisément parce qu'on a défalqué du nombre des années de services du mari ou du père, les années antérieures à l'âge de vingt ans, pendant lesquelles ils avaient réellement versé pour leur retraite... N'est-ce pas une chose criante?

La Chambre vient de décider, dans l'article 103 de la loi de finances et dans l'article 110, que les années passées dans les écoles normales professionnelles et à l'étranger, comme boursier, pourront compter pour la retraite. Voilà donc des agents qui ne sont pas en activité, de futurs fonctionnaires, mais qui ne le sont pas encore, des étudiants à qui l'on n'a fait subir aucune retenue, et à qui on accorde la faveur de compter les années de présence dans les cadres d'une administration ou sur les listes des élèves d'une école, comme années qui donnent droit à la retraite !

Et à côté d'eux, des fonctionnaires vrais, réels, donnent à l'Etat leurs forces, leur activité, leur temps, ils versent une part de leur traitement ou salaire; et on ne leur compte ni ces versements faits, ni ces années de travail pour la retraite !

Non, en vérité, un pareil état de choses doit cesser.

De plus, à la séance de la Chambre des députés du 15 mars 1910, le Ministre des finances a déposé un projet de loi ayant pour objet de permettre aux veuves et aux orphelins de pensionnaires, de cumuler des pensions avec des traitements d'activité jusqu'au chiffre de 6.000 francs.

A notre époque encore, et en vertu de la loi de 1853, les veuves ne peupeuvent cumuler leurs pensions avec un traitement que jusqu'à concurrence du chiffre de 1.500 francs; elles sont donc, si elles sont fonctionnaires, privées en fait de leurs pensions, ou si leur emploi est inférieur à 1.500 francs, elles ne touchent qu'une fraction de retraite de manière à ne pas dépasser ce chiffre considéré comme maximum.

***

Pendant qu'on créait des retraites pour les ouvriers, dans les conditions indiquées plus haut, et qu'on améliorait celle des fonctionnaires, examinons maintenant les avantages nouveaux que l'on accordait aux préposés au mois, seuls agents du personnel secondaire, auxquels des minima de pension étaient garantis jusqu'en 1892, minima égaux après quarante ans de services aux minima assurés jusqu'en 1901, à tous les fonctionnaires des Manufactures de tabacs et d'allumettes pour le même temps de services.

1° Ce n'est qu'à dater du 21 août 1892, c'est-à-dire plus de cinq mois après l'avoir fait pour les ouvriers, (qu'il apparut équitable à l'Administration) d'améliorer la situation des préposés mis à la réforme ; et qu'on leur a accordé, quelle que soit la date de leur immatriculation, un minimum de retraite de 1/60e des gages moyens des six dernières années d'activité, à 60 ans d'âge et trente ans de services à l'Etat, en complétant, s'il y avait lieu, pour parfaire le droit à pension par les services militaires et les services rendus dans une autre administration de l'Etat décomptés à raison, par année, de 1/90e de cette moyenne sans toutefois que les pensions minima ainsi définies puisse dépasser la moitié des dits gages moyens.

On excluait même de l'évaluation des gages moyens, les hautes payes qui sont des suppléments de traitements accordés de plein droit, après cinq ans passés dans la même classe, sans augmentation de traitement. Seulement la pension du mari n'était plus reversible sur sa veuve, qu'à la condition que le mariage ait été contracté plus de six ans avant la mise à la réforme ou la mort du mari, que le divorce n'ait pas été prononcé, même au profit de la femme, et que la séparation de corps n'est pas été prononcée contre elle, que jusqu'à concurrence du tiers de celle dont il jouissait, ou aurait pu jouir; alors que depuis le 1er janvier 1885, les veuves des préposés immatriculés avant 1862, avaient droit à la moitié de la retraite du mari, celle-ci étant arrêtée au tiers du traitement moyen majoré de 1/60e de service accompli au-delà des trente comptant pour l'admission à la retraite.

De sorte que, fait bizarre, la veuve d'un préposé, immatriculé le 31 décembre 1861 et comptant quarante ans de services, pouvait avoir comme retraite, la moitié de la pension de son mari, tandis que la veuve du préposé immatriculé le lendemain, ne peut jamais recevoir plus du tiers de cette pension. La première avait le quart des appointements de son mari, et la seconde n'en a que le sixième.

On donnait d'un côté pour reprendre de l'autre.

Le règlement des préposés admettait pour eux le droit à pension cinq ans avant l'âge fixé pour les ouvriers (cela n'a duré que jusqu'au 12 avril 1893), mais il avait bien soin de prescrire (et cela dure toujours) que contrairement à ce qui était admis pour les ouvriers, « les services civils ne seraient comptés qu'à partir de l'âge de 20 ans accomplis ».

Les services militaires ne seraient pas comptés au même taux que les services civils, pas plus que ceux passés dans une autre administration de l'État.

Que les rentes viagères afférentes aux versements effectués au nom du conjoint d'un préposé seraient ajournées tant que le préposé resterait en fonctions, à moins que conjoint soit âgé de 65 ans, et que la part de ce conjoint contribuerait à la constitution de la pension minima, alors que le conjoint d'ouvrier ou d'ouvrière en avait la libre disposition, souvent dès l'âge de 50 ans, et que cette part n'entrerait pas en ligne de compte pour la constitution des minima de pensions ouvrières.

En cas d'invalidité, la retraite proportionnelle ne serait attribuée qu'après vingt-cinq ans de services, comptés depuis l'âge de 20 ans, alors que pour les ouvriers, les trente-cinq ans dataient du jour de l'entrée dans un établissement, quel que soit l'âge au jour de cette entrée.

Interprétant la circulaire du 15 mars 1892 concernant les retraites des ouvriers, et disant que dans le calcul de la pension complémentaire, il serait tenu compte, le cas échéant, du supplément de rente viagère que serait susceptible de donner l'aliénation immédiate à la caisse des retraites des sommes que l'intéressé aurait à la Caisse d'épargne, le règlement accompagnant cette circulaire ajoutait bien que les ouvriers intéressés demeuraient d'ailleurs toujours libres d'augmenter leurs pensions en abandonnant le capital retiré de la Caisse d'épargne.

Mais cette latitude paraît n'avoir été laissée qu'aux ouvriers seuls, quant aux préposés, il sont susceptibles, si leur chiffre de rente dépasse 1.200 fr., de voir diminuer leur minima de pension dans les proportions de 9,31 par chaque 100 francs déposés en leur nom à la Caisse d'épargne, s'ils ont 60 ans, et de 11,13 s'ils ont 65 ans.

Cette diminution influe également sur la reversibilité de la pension des veuves ou des orphelins.

Enfin qu'une femme, titulaire d'une pension de veuve qui viendrait à se remarier à un agent de l'Administration ne pourrait pas, en cas de prédécès de ce dernier, prétendre à l'obtention d'une seconde pension de veuve. Les veuves de fonctionnaires sont cependant admises à cumuler plusieurs pensions de veuves jusqu'au chiffre de 6.000 francs.

Par un autre règlement du 9 avril 1895, le cumul d'une pension de veuve de préposé avec celle que la veuve aurait pu se constituer en qualité d'agent de l'Administration a été autorisé.

Et de plus, les orphelins de père et de mère âgés de moins de 18 ans peuvent prétendre, depuis cette date, à un secours annuel égal à la pension que la mère aurait obtenu ou aurait pu obtenir (le tiers de la pension du mari) en qualité de veuve, mais comme pour les ouvriers, si la mère est inhabile à revendiquer la reversibilité de la pension du mari, ni elle ni ses enfants n'y peuvent prétendre.

S'ils y ont droit, ils ne peuvent en bénéficier que jusqu'à l'âge de 18 ans, alors que les enfants de fonctionnaires touchent un secours de même quotité jusqu'à l'âge de 21 ans accomplis.

Une circulaire du 15 février 1896, n° 40, décide que les ouvriers valides admis à la retraite, auront la faculté de continuer leur travail pendant trois mois à partir de la date fixée pour l'entrée en jouissance de la pension minima, et que lorsque la sortie définitive aura lieu avant l'époque de la sortie ainsi définie, l'ouvrier recevra une indemnité de licenciement dont la quotité sera déterminée en prenant pour base l'allocation de 110 francs pour les hommes et de 75 francs pour les femmes, avec une réduction de 1,90 par journée écoulée depuis le commencement du trimestre considéré. Par assimilation avec les dispositions qui précèdent, ajoute la circulaire, le préposé admis à la retraite pourra, lui aussi, s'il en fait la demande, être maintenu en fonctions pendant trois mois, mais l'indemnité accordée aux ouvriers en cas de départ immédiat ne sera pas accordée aux préposés.

Le 17 avril 1901, nouveau règlement sur les pensions de retraites des préposés, qui ne change pas les maxima fixés en 1892, qui continue les errements concernant la part du conjoint, le départ des services civils, etc., mais qui admet que les hautes payes entrent comme les traitements, en ligne de compte, pour le calcul de la pension.

Ce règlement stipule encore que le maintien dans les cadres d'un préposé comptant trente ans de services et 60 ans d'âge, pourra être autorisé d'année en année jusqu'à 65 ans. (Une lettre commune du 7 décembre 1909, n° 12362, fait bien ressortir, en se basant sur cette circulaire, qu'il importe de remarquer que si les ouvriers ont le droit de rester jusqu'à 65 ans, c'est au contraire par faveur spéciale et personnelle que le maintien dans les cadres jusqu'à cet âge peut être accordé aux préposés, à condition que leur validité physique et intellectuelle leur permette de s'acquitter convenablement de leurs fonctions,

Le 23 janvier 1906, nouveau règlement fixant une nouvelle fois l'âge d'entrée en jouissance de la rente des ouvriers uniformément à 50 ans pour les femmes et à 55 ans pour les hommes, et spécifiant que la participation des préposés à la caisse des retraites s'exerce dans les mêmes conditions que celle des ouvriers; même taux de majoration, mêmes règles relativement à l'âge initial d'entrée en jouissance, à l'ajournement successif de la date primitive ainsi qu'au maintien en activité jusqu'à l'âge de 65 ans, etc...

Cette circulaire rappelait les admissions à la retraite sans condition de durée des services par suite d'infirmités proportionnelles pour les ouvriers, mais comme celle du 26 mai 1898, elle oubliait d'admettre que pour les préposés, les mêmes causes étaient susceptibles de produire les mêmes effets.

Ce que demandent les Préposés

La comparaison que nous venons de faire de la situation actuelle des fonctionnaires soumis au régime de la loi de 1853 et de celle des ouvriers avec leurs nouveaux minima de pensions, leur nouveau taux de majorations qui pour la première fois, cette année même, est supérieur à celui des préposés, avec leurs 1/30e, avec la part du conjoint, qui pour eux reste entièrement indépendante du chiffre que l'Administration s'est engagée à leur parfaire avec leurs indemnités du licenciement, dont sont exclus les préposés avec l'admission de maladies professionnelles qui sont censées ne pas devoir atteindre les préposés, prouve surabondamment que depuis une dizaine d'années seulement, les préposés ont été déclassés par l'Administration et placés, au point de vue retraites, en état d'infériorité bien marquée, et sur les fonctionnaires dont on leur a donné le titre, et auxquels on les assimilait jadis, et sur les ouvriers auxquels, jusqu'en 1892, l'Administration refusait de reconnaître un droit à pension.

La retraite des préposés des Manufactures et Magasins de l'Etat (tabacs et allumettes) est régie par le règlement administratif du 23 janvier 1906, approuvé par M. Merlou, ministre des finances, le 8 février suivant. Il assure aux préposés comptant au moins 60 ans d'âge et trente ans de services rendus à l'Etat, une pension minima basée sur la moyenne des appointements des six dernières années. Toutefois la pension minima ci-dessus définie ne peut excéder la moitié des appointements moyens.

Les appointements des préposés sont majorées de 4 % de leur montant et le produit de ces majorations est versé au nom des ayants droit à la Caisse des retraites pour la vieillesse, ces versements constituent les fonds nécessaires pour le service des pensions.

Dans leurs différents Congrès, les préposés ont demandé :

1° Que la limite maxima de leurs pensions soit portée à 40/60e, à raison de 1/60e par année de services ;

2° Que les services militaires soient décomptés à raison de 1/60e au lieu de 1/90e ;

3° Que la veuve ait droit à la moitié de la pension du mari au lieu du 1/3 ;

4° Qu'à défaut de la veuve, ou si elle est inhabile à recevoir la pension, les orphelins mineurs aient droit, jusqu'à leur majorité, à la reversibilité de cette pension ;

5° A ce qu'aucune condition de durée de mariage ne soit exigée pour la reversibilité s'il existe un enfant né des conjoints au moment où le mari cesse ses fonctions ;

6° A ce que toutes les années de services soient comptées pour la retraite, même celles passées avant l'âge de 20 ans ;

7° A ce que, pour les préposés immatriculés avant 1892, la rente inscrite au nom du conjoint n'entre pas en ligne dans le décompte de la pension ;

8° A ce que le cumul des traitements et pensions de veuves, puisse être autorisé jusqu'à concurrence de 6.000 francs, quel que soit le nombre de ces pensions ;

9° A ce que les indemnités de licenciement accordées aux ouvriers soient accordées dans les mêmes conditions aux préposés quittant l'Administration après avoir acquis des droits à la retraite ;

10° A ce que, quel que soit son âge et le nombre de ses années de services, le préposé reconnu incapable de tout travail, reçoive une pension exceptionnelle, s'il est établi que l'invalidité de cet agent est la conséquence de ses occupations dans l'Etablissement ;

11° L'abaissement de la limite d'âge pour la retraite des préposés à 55 ans, avec faculté de rester en fonctions jusqu'à 65 ans, si leur validité physique et intellectuelle le permet.

Mais de toutes ces demandes, celle sur laquelle les préposés ont le plus insisté a été l'élévation du maxima des pensions, de la moitié aux deux tiers, après quarante ans de services, à raison de 1/60e par année. On avait toujours procédé à leur égard, sous le rapport des retraites, par analogie avec la loi de 1853, régissant les fonctionnaires, et jusqu'en 1901, la pension des employés supérieurs des Manufactures et des Magasins et celle des commis de ces mêmes Etablissements, ne pouvait pas plus que celle des préposés, dépasser la moitié du traitement moyen des six dernières années d'activité.

Les préposés avaient donc pensé que les dispositions de la loi de finances du 26 février 1901 pourraient leur profiter, puisque sans augmentation des versements, elle élevait du demi aux deux tiers la pension minima des fonctionnaires et des agents des manufactures de l'Etat.

Ils concluaient de ce texte et en se basant sur la situation d'alors, que les intentions du Parlement ne pouvaient faire aucun doute et que si on désignait sous la qualification de fonctionnaires les emplo; commissionnés c'était indiscutablement les préposés qu'on avait enten.. désigner sous la dénomination d'agents, c'est du reste celle qu'on leur attribue encore dans les divers règlements de retraite les concernant.

Aussi, dès le lendemain du vote de la loi précitée, s'inquiétèrent-ils de savoir si leur retraite serait désormais calculée sur de nouvelles bases. Le Directeur général déclara qu'il se voyait dans l'obligation de demander des instructions au Ministre. Or, dans l'intervalle qui s'est écoulé entre la demande et la réponse, survint un changement de ministère et M. le Directeur général donnait à entendre aux préposés, que si le ministre partant, celui qui avait proposé et fait voter le texte de la loi de finances de 1901, était d'avis d'en faire bénéficier les préposés, le successeur ne voulait pas étendre ce bénéfice à d'autres qu'aux fonctionnaires.

Le Parlement a donc élevé aux deux tiers le maxima de pensions d'agents qui ne profitent pas de cette élévation et les préposés sont les seuls, placés entre les fonctionnaires et les ouvriers qui, à 60 ans, après avoir accompli trente années de service, reçoivent, comme pension de retraite, autant que leurs collègues âgés de 65 ans et comptant trente-cinq et quarante ans de services.

Ils n'ont jamais cessé de demander la disparition de cette inégalité injustifiée et les démarches qu'ils ont tentées à ce sujet, n'ont eu pour résultat que de faire dévier la question sur le point de savoir si oui ou non, les préposés sont des fonctionnaires.

A la Chambre des députés, en 1902, le Ministre a dit que les préposés étaient des fonctionnaires, il l'a répété à la séance de la même Chambre du 22 janvier 1903, en ajoutant que pour leur accorder le bénéfice de la loi de finances du 26 février 1901, élevant de la demi au deux tiers le maximum des pensions de retraites des fonctionnaires et agents des Manufactures de l'Etat, il était indispensable de les soumettre, comme les employés commissionnés, à la loi du 9 juin 1853.

En 1905, la commission du budget, saisie d'une nouvelle demande des préposés, se rangea à l'avis de l'Administration qui invoqua, pour refuser l'élévation du maxima des retraites, la dépense supplémentaire que cette amélioration entraînerait ainsi que ses répercussions sur d'autres services.

Cependant, en cette même année 1905, lors de la discussion de la loi de finances. M. Cochery, président de la commission du budget, déclara à la 2e séance de la Chambre des députés du 7 mars 1905 : « qu'il était certain que les préposés avaient été depuis quelques années, victimes d'une erreur ou d'un malentendu en ce qui concernait le calcul de leurs pensions, que la commission du budget s'était mise en rapport avec M. le Ministre des finances, sur la rectification nécessaire dans les calculs de leur pension. Qu'elle était d'accord avec lui, que cette pension serait augmentée de 1/30e par année de services supplémentaires, au-delà de l'année à partir de laquelle ils peuvent faire valoir leur droit à pension ».

Et il ajoutait : « Vous pouvez être certains que nous veillerons à ce que ces engagements soient suivis d'effet ».

Un projet de loi spécial fut même déposé et adopté par l'unanimité de la Chambre des députés, à la deuxième séance du 11 juillet 1905, il comprenait :

1o L'abaissement de soixante à cinquante-cinq ans, de l'âge à partir duquel les préposés (femmes) et les ouvrières des Manufactures de l'Etat, comptant au moins trente ans de services, ont droit à une pension de retraite minima;

2o L'abaissement de vingt à quinze ans, de la durée des services exigés des préposés (hommes et femmes) et des ouvriers (hommes et femmes) pour obtenir, en cas d'invalidité, une pension de retraite proportionnelle;

3o L'augmentation de 1/30e de son montant par année de services, constatée après l'accomplissement de la double condition de soixante ans d'âge et trente ans de services de la pension minima des préposés.

Cette loi n'a jamais été discutée par le Sénat; du reste, elle ne donnait pas satisfaction aux *desiderata* des préposés, au moins en ce qui concernait la troisième partie.

Ils continuèrent donc à demander comme maxima de retraite, les deux tiers des appointements de la moyenne des six dernières années d'activité à raison de 1/60e par année de services.

Le 2 juillet 1906, M. Privat-Deschanel, Directeur général des Manufactures de l'Etat, reconnaissait que les préposés pourraient peut-être, eux aussi, prétendre à bénéficier de la mesure bienveillante de la loi de finances du 26 février 1901 et s'engageait à étudier le règlement concernant nos pensions de retraite et à y apporter les modifications qui seraient du ressort de l'Administration.

Le 8 décembre 1908, M. Oulmont, Directeur général des Manufactures de l'Etat, déclare à son tour aux délégués de l'Association qu'il « reconnait qu'il n'est pas indispensable que les préposés soient soumis au régime de la loi de 1853, pour que leur retraite soit basée sur 1/60e par année de services, jusqu'à concurrence de 40/60e ».

Le 22 mai 1909, M. Caillaux, ministre des finances, déclare aux délégués des préposés qui lui adressaient une demande dans le même sens, et qui lui offraient, pour ne pas grever le budget de ce fait, de prendre la somme suffisante sur les gratifications distribuées annuellement, que « les préposés étaient des sages, et que dans ces conditions, il était prêt à nous donner satisfaction ».

Le 2 décembre 1909, la Chambre des députés adoptait à l'unanimité un projet de résolution accepté par le ministre des finances et par la commission du budget « invitant le ministre des finances à étudier, en vue du budget au futur exercice, les moyens de supprimer la somme de 18.000 fr. accordée tous les ans aux préposés à titre de gratification, et d'attribuer un chiffre égal à l'augmentation des retraites ».

Les préposés méritaient donc réellement le qualificatif de sages que leur avait donné le ministre des finances, puisqu'en 1905, le Gouvernement et la Chambre étaient d'avis de leur accorder, sans qu'ils y contribuent par des sacrifices d'aucune sorte, des trentièmes après l'âge de soixante ans, et qu'aujourd'hui ils offrent, en plus de ce qu'on leur accordait à titre de (réparations), le crédit distribué annuellement comme gratifications pour pouvoir obtenir enfin le maxima des deux tiers qu'ils pensaient (et ils n'étaient pas seuls de cet avis ainsi que cela a été rapporté plus haut) qu'on leur avait accordé par la loi de finances de 1901 ! sous la dénomination « d'agents des Manufactures de l'Etat ».

Les autres vœux n'ont reçu de la part de l'Administration que de vagues promesses d'examen.

Examinons maintenant si les *desiderata* des préposés sont justifiés.

De 1852 à 1862, sans versement d'aucune sorte, et après avoir supprimé leur caisse de retraite et de secours, l'Administration a assuré à ses préposés, et à ses *préposés seuls*, des pensions de retraite.

A partir de 1862 seulement, elle a appelé la totalité de son personnel secondaire (préposés et ouvriers) à effectuer des versements à la caisse des retraites pour la vieillesse, avec l'espoir que le produit de ces versements, dont elle faisait tous les frais, et qui constituaient, en somme, une augmen- de traitement, donnerait aux déposants des retraites bien supérieures au minima qu'elle garantissait (le tiers des appointements d'abord, avec reversibilité jusqu'à concurrence de la moitié, sur les veuves, puis élévation de ce tiers à la moitié, comme minima de pension, toujours avec reversibilité de moitié).

Jusqu'en 1892, les préposés seuls eurent donc un minima de pension garanti pour eux et pour leurs veuves. On procédait toujours, en ce qui les concernait, par analogie avec la loi de 1853 concernant les fonctionnaires à laquelle on n'avait pas jugé à propos de les soumettre.

Même après la suppression des retenues sur les salaires des ouvriers, et après l'établissement des majorations, on retenait encore aux préposés, toujours par analogie avec la loi de 1853, le premier douzième de chaque augmentation.

Ce n'est qu'en 1892 que des minima de pension furent attribués aux ouvriers et alors immédiatement (situation qui n'a pas changé depuis), quoique le chiffre de leurs retenues ait toujours été inférieur à celles opérées sur les appointements des préposés, on leur accorde des avantages auxquels nous aspirons encore (décompte pour la retraite, de la totalité des services civils. même de ceux rendus avant l'âge de 20 ans; libre disposition pour le conjoint, de la rente inscrite à son profit, sans que cette rente entre en ligne de compte pour la fixation minima de pensions), puis plus tard, trentièmes après 60 ans, indemnités de licenciement, retraites à 55 ans sans condition de durée de services, si l'incapacité de service résulte des occupations dans un Etablissement, etc., etc...

Quant aux fonctionnaires, nous avons énuméré ci-dessus les nombreuses améliorations apportées à leur profit et au profit de leurs veuves et de leurs orphelins depuis 1892, à la loi de 1853 qui les régit, sans que les préposés aient bénéficié d'aucune de ces améliorations.

La situation mal définie des préposés leur avait toujours permis, de par la seule volonté de l'Administration, de profiter à la fois des avantages attribués comme retraite aux fonctionnaires, ainsi que de ceux accordés aux ouvriers.

Aujourd'hui, tout est changé, et les deux catégories ont des avantages dont les préposés ne sont pas admis à bénéficier.

Non seulement on a élevé à 5 % le taux des majorations effectuées sur les salaires des ouvriers, sans prendre pareille mesure en ce qui concerne les appointements des préposés, quoique ce taux ait toujours été le même pour les préposés et pour les ouvriers, mais de plus, l'Etat, qui ne connaissait pas certains personnels de différentes Administrations qu'il ne rétribuait pas directement, leur a, coup sur coup, donné des statuts et des majorations supérieures à celles qu'il fait actuellement aux préposés.

Sans raisons, les préposés des Manufactures de l'Etat se trouvent donc actuellement, au point de vue de la retraite, dans un tel état d'infériorité vis-à-vis des fonctionnaires et des ouvriers, que différents ministres des finances et directeurs généraux, et à deux reprises, que la Chambre des députés a, à l'unanimité, décidé qu'il y avait lieu de modifier le règlement de retraite qui les régit.

Ils s'offrent d'y contribuer dans une large mesure, par l'abandon d'un chiffre important de gratifications annuelles qui, avec les 4 % qu'ils versent déjà pour la retraite, constituera une somme supérieure aux retenues de 5 % imposées à tous les fonctionnaires (même y compris les retenues du premier mois d'appointements et du premier douzième de chaque augmentation).

Cependant, eux aussi sont des fonctionnaires, des agents d'un monopole de l'Etat, celui qui rapporte au Trésor public le plus gros bénéfice.

Deux ministres des finances les ont qualifiés ainsi en 1902 et en 1903 à la tribune de la Chambre des députés. Ils sont considérés comme tels dans le projet de loi sur le statut des fonctionnaires, déposé par le Gouvernement, et dans une lettre du ministre des finances, du mois de mars 1908.

Bien plus, une lettre commune du 27 janvier 1909 leur interdit même, en cette qualité de fonctionnaires, de se livrer à aucune opération commerciale, et même de laisser exploiter un commerce par leur femme.

Soutiendra-t-on cependant, qu'en raison de leurs multiples et délicates fonctions, les préposés qui font neuf heures de travail, sont moins intéressants au point de vue de la retraite que les professeurs d'écoles normales et les instituteurs qui ont six heures de classe par jour et quatre mois de congés par an, et qui ont droit à leur retraite à 55 ans d'âge et la voient décomptée à raison d'un cinquantième par année de services jusqu'à concurrence des deux tiers des appointements maxima, qu'ils peuvent atteindre après trente-trois ans et demi de services ?

Quelles sont donc les difficultés de leur tâche, à ces fonctionnaires classés dans le service actif, et pouvant atteindre les deux tiers de leurs traitements comme retraite à 53 ans 1/2?... Sont-elles donc supérieures à celles des préposés? Nous ne le pensons pas, car si nous nous en rapportons à ce qui a été dit à la tribune de la Chambre des députés le 25 janvier dernier (*Journal Officiel* du 26, pages 322 et 323), dans certaines écoles normales notamment, il n'y aurait que 15 à 20 élèves. Or, les élèves qui tous, sont d'autant plus sérieux que leur situation dépend de leur conduite et de leurs aptitudes, sont répartis en trois sections ou cours, de sorte que dans bien des écoles normales, le nombre des élèves dans chaque cours est de 8 à 10, quelquefois de 5 à 6, et qu'il est même de 3 à 4 seulement à l'école normale de Belfort... Y a-t-il là la moindre comparaison avec le service des préposés placés entre la masse et l'autorité?

Alors, pourquoi les préposés des Manufactures n'ont-ils pas tous les avantages des fonctionnaires, et des fonctionnaires classés dans le service actif? Serait-ce tout simplement parce qu'ils sont en réalité des fonctionnaires non commissionnés, et non régis par la loi de 1853?

Mais alors, qu'ils aient une caisse spéciale de retraite, ou que cette caisse soit la Caisse nationale des retraites pour la vieillesse, préférée par l'Administration elle-même, qui a supprimé les premières en 1832, leurs retraites devraient donc être comprises dans la catégorie des pensions d'Etat servies sur les fonds de retraites spéciales, puisque des minima de pensions leur sont garantis!

Or, quelles sont les pensions ayant ce titre qui sont servies aux fonctionnaires non compris dans la loi de 1853, laquelle ne prévoit ni caisse ni fonds de retraites? Ce sont, disent les traités de droit, qui font autorité :

1° La caisse des employés des établissements généraux de bienfaisance, régie par le décret du 29 mars 1862 (par conséquent postérieur de trois mois seulement à la date à laquelle l'Administration a affilié son personnel à la Caisse nationale des retraites);

2° La caisse des ouvriers et employés de l'Imprimerie Nationale réglementée par une ordonnance du 20 août 1824 et modifiée par différents décrets;

3° Les caisses de retraites de fonctionnaires et agents du Sénat et de la Chambre des députés, fonctionnant en vertu, l'une d'un règlement du 19 mars 1876, l'autre de résolutions de l'assemblée, émises à des dates diverses.

Nous ne parlerons de la caisse des retraites pour les anciens sénateurs et de la caisse des pensions pour les anciens députés, créées, la première par décision du Sénat du 28 janvier 1905 et la seconde par décision de la Chambre des députés du 23 décembre 1904, que pour montrer que le Parlement lui-même trouve équitable les demandes des préposés concernant la part de la veuve et celle des orphelins, puisque :

L'article 8 de la caisse des retraites des anciens sénateurs accorde à la veuve la moitié de la pension du mari, avec reversibilité sur les enfants mineurs, si la veuve n'a pas droit à pension; les articles 1 et 2 de l'arrêté de la Chambre des député fixe la part des veuves ou des orphelins mineurs des anciens députés à la moitié de la pension du mari, en stipulant que la pension des orphelins mineurs sera payée jusqu'à ce que le plus jeune ait atteint l'âge de vingt et un ans accomplis, la part de ceux qui décéderaient, et celle des majeurs, faisant retour aux mineurs.

Si nous examinons maintenant les règlements des pensions d'Etat servies sur caisses spéciales aux fonctionnaires non soumis à la loi de 1853, nous faisons les constatations suivantes :

1° Caisse des employés des établissements généraux de bienfaisance

Cette caisse est alimentée par une retenue de 3 % sur les traitements et avantages alloués aux employés, et par la retenue du premier 1/12e du premier traitement et de toute augmentation ultérieure.

La pension d'ancienneté est acquise après trente ans de services, pour lesquels on compte le temps passé sous les drapeaux et dans une autre administration de l'Etat, à la condition d'être resté dix ans dans les établissements généraux de bienfaisance (art. 2 du décret).

Une pension peut aussi être accordée avant trente ans aux employés que des infirmités rendent incapables de continuer l'exercice de leurs fonctions ou dont l'emploi aurait été supprimé, pourvu qu'ils aient dix ans au moins de services, dont cinq dans les établissements généraux de bienfaisance (même article).

La pension d'ancienneté est de moitié du traitement moyen avec accroissement du 1/20e de cette moitié pour chaque année au-dessus de trente ans, le maximum est des deux tiers du traitement moyen sans pouvoir dépasser 6.000 francs (art. 4 du décret).

La pension pour infirmités ou suppression d'emploi est du 1/6e du traitement moyen pour dix ans de services, avec accroissement de 1/60e de ce traitement pour chaque année au-dessus de dix ans (art. 5).

La reversibilité de la pension peut être réclamée par les veuves ou orphelins des employés décédés en activité de service, avec droit acquis à une pension de retraite ou jouissant déjà de cette pension.

Le mariage doit avoir été célébré cinq ans avant le décès du mari (art. 6). Si la femme n'a pas d'enfants au-dessous de dix-huit ans, la pension à laquelle elle a droit est du un tiers de celle que son mari avait obtenue ou qu'il aurait pu obtenir (art. 7). Si l'employé décédé laisse une veuve et un ou plusieurs enfants au-dessous de dix-huit ans, la pension s'accroît pour chaque enfant de 5 % de la pension à laquelle cet employé aurait eu droit, sans toutefois que la totalité de la somme à attribuer à la veuve, tant pour elle que pour les enfants, puisse dépasser la moitié de celle du mari (même article).

2° Pension des employés et ouvriers de l'Imprimerie Nationale

C'est une caisse de retraites spéciale pour cet établissement, qui a donné lieu à de nombreux décrets depuis l'ordonnance du 20 août 1824, qui reçoit des subventions de l'Etat et qui a cela de particulier, que d'après ses règlements, les services accomplis dans les administrations de l'Etat, des départements et des communes, entrent en ligne de compte dans la constitution du droit à pension à l'Imprimerie Nationale, mais que la réciproque n'existe pas.

Qu'un fonctionnaire d'un autre service soit nommé à l'Imprimerie Nationale, sa pension de retraite lui est ensuite payée intégralement par la caisse des retraites de la maison, alors que les sommes que ce même employé avait payées avant son entrée à l'Imprimerie ont été préalablement versées dans d'autres caisses.

La caisse des retraites de l'Imprimerie Nationale a deux sortes de pensions à servir, l'une aux employés, l'autre aux ouvriers de l'Imprimerie qui subissent une retenue, les premiers de 5 %, les seconds de 3 %.

Les employés ont droit à une pension égale à la moitié de leur traitement moyen des trois dernières années après trente ans de services, ou vingt-cinq ans de services et soixante ans d'âge, ou vingt-cinq ans de services et une infirmité.

Après trente ans de services, la pension s'accroît d'un 20e par année en plus, sans qu'elle puisse excéder les deux tiers du traitement moyen ni s'élever à plus de 6.000 francs.

Les hommes de service ont 1.200 francs à trente ans de services.

Les droits de la veuve admise à la reversibilité de la pension (après cinq ans de mariage et trente ans de services) sont : Si elle n'a pas d'enfants ou si ceux qu'elle a sont âgés de plus de quinze ans accomplis, du tiers de la pension dont le mari a joui ou dont il aurait eu le droit de jouir; de la moitié, si elle a deux enfants au-dessous de l'âge de quinze ans accomplis; des deux tiers, si elle a trois enfants ou un plus grand nombre au-dessous du même âge (art. 39 de l'ordonnance du 20 août 1824).

Cette pension est réduite dans les mêmes proportions à mesure que les enfants atteignent l'âge de quinze ans et si la veuve est inhabile à recueillir la pension, les enfants la recueillent à sa place jusqu'à l'âge de quinze ans.

3° *Caisse des retraites des fonctionnaires et agents du Sénat*

De création récente (1876), cette caisse comprend tous les fonctionnaires et agents du Sénat, à l'exception des hommes et des jardiniers à la journée.

La retenue est de 5 % des traitements au maximum. Elle peut être abaissée suivant les ressources de la caisse. Elle comprend le 1/12e de toute augmentation de traitement. La pension d'ancienneté est acquise après trente ans de services effectifs ou après vingt-cinq ans, si l'employé a atteint soixante ans. Une pension exceptionnelle peut être accordée :

1° Après dix ans de services, dont cinq dans l'administration du Sénat, à ceux que des accidents, l'âge ou les infirmités contractées dans l'exercice de leurs fonctions, mettent dans l'impossibilité de continuer leurs fonctions, comptant pour la pension, les services accomplis dans les administrations de l'Etat qui ont supporté les retenues prescrites par l'art. 3 de la loi du 9 juin 1853. La pension est proportionnelle à la durée de services. Elle est de 2 % du traitement moyen des trois dernières années multiplié par le nombre des années de services sans, en aucun cas, dépasser 75 % de ce traitement, ni la somme de 6.000 francs, mais sans pouvoir être inférieure à 800 francs pour les fonctionnaires ou agents, et 500 francs pour leurs veuves ou orphelins.

La pension des orphelins mineurs et celle de la veuve est de la moitié de celle du mari.

Elle est des deux tiers si la veuve est âgée de cinquante ans au moment du décès du mari ou si celui-ci laisse un ou plusieurs enfants mineurs.

De plus, la veuve ou les enfants mineurs d'un fonctionnaire ou agent du

Sénat, décédé, soit dans son emploi, après dix ans de services au moins, soit pensionné, a droit à pension, à la condition que son mariage soit antérieur à cinq ans au décès ou à la mise à la retraite du mari.

4° Caisse des retraites des employés de la Chambre des députés

Les employés subissent une retenue de 5 % sur les traitements en argent de 900 francs et au-dessus. Les pensions sont acquises dans les mêmes conditions que celles des employés du Sénat, cependant, la pension exceptionnelle accordée aux agents que les accidents, l'âge ou les infirmités rendent incapables de continuer leurs fonctions, n'exige pas que ces infirmités soient contractées dans l'exercice de ses fonctions, les services rendus dans d'autres administrations ne sont plus comptés. Les années de service militaire comptent chacune pour une année. La pension d'ancienneté est de moitié du traitement moyen des trois dernières années avec accroissement de 1/20e de cette moitié pour chaque année de services en sus, sans pouvoir excéder les deux tiers du traitement, ni en aucun cas, le chiffre de 6.000 francs.

Un minimum de 600 francs est établi pour les employés. La pension accordée après dix ans, et moins de vingt-cinq ans de services, est du 1/6e avec accroissement de 1/60e pour chaque année en sus de dix ans.

Le règlement accorde des pensions aux veuves et aux orphelins.

5° Pensions départementales et communales

Tous les départements de la métropole ont leurs caisses de retraites; les communes qui ont suivi cet exemple sont beaucoup plus rares.

La fixation d'une condition d'âge n'a pas trouvé place dans bon nombre de caisses.

Au point de vue de la durée des services, la plupart des règlements, moins rigoureux en cela que la loi du 9 juin 1853, exigent simplement une durée de vingt-cinq années, qu'ils comptent d'ordinaire du jour de l'entrée de l'employé dans l'administration, cependant les statuts de quelques caisses n'admettent les services qu'à partir d'un certain âge.

La plupart des caisses de retraites départementales ou communales fixent le taux des pensions à la moitié du traitement des trois dernières années, après trente ans de service, avec accroissement de 1/20e de cette moitié pour chaque année de services au-dessus de trente ans, sans pouvoir excéder les deux tiers.

Elles accordent généralement une pension exceptionnelle avec liquidation proportionnelle, après dix ans de services, aux employés que des accidents graves ou des infirmités rendent incapables de continuer leurs fonctions.

Les veuves et les orphelins ont le plus souvent droit à la reversibilité de ces pensions.

A la Caisse des retraites de la préfecture de la Seine, qui fait le service des pensions des employés de la préfecture de la Seine, et des employés de divers services municipaux, qui relèvent de la ville de Paris (Assistance publique, Octroi, Mont-de-Piété, etc...), la retenue est de 5 %, le maximum de la pension est des deux tiers du traitement moyen des trois dernières années, les veuves ont droit à pension, si le mariage a été contracté cinq ans avant la cessation des fonctions du mari, elle est de un tiers de celle du mari, et à défaut de la veuve, les orphelins ont ses droits.

6° Administrations soumises à la surveillance de l'Etat

1° Caisse de retraite des employés de la Société du Crédit Foncier de France.

Le droit à pension est acquis aux employés à tout âge après vingt-cinq ans de services. Exceptionnellement, le Conseil peut accorder une pension aux employés qui comptent dix ans de services, quel que soit leur âge, lorsque des accidents, ou des infirmités graves les mettent dans l'impossibilité de continuer leur travail.

La pension est fixée d'après une année moyenne de traitement pendant les trois dernières années de services, la pension accordée après vingt-cinq ans de services, est de la moitié de la moyenne déterminée comme il vient d'être dit, elle s'accroît de 1/50e du traitement moyen pour chaque année de services excédant 25. S'il y a lieu d'accorder une pension à titre exceptionnel, elle ne peut dépasser 1/50e pour chaque année de services du traitement moyen des trois dernières années.

La veuve ne peut prétendre à pension qu'autant qu'à l'époque de la cessation des fonctions du mari, elle était mariée depuis cinq ans au moins. Cette pension est de moitié de celle à laquelle aurait eu droit, ou dont jouissait l'employé décédé ; dans le cas où ce dernier a laissé un ou plusieurs enfants au-dessous de 18 ans, la pension peut être augmentée pour chacun de ces enfants, du 1/20e de celle qui serait réglée pour le décédé.

Si les employés ne laissent pas de veuves, pouvant prétendre à pension, une pension est liquidée en faveur des enfants jusqu'à l'âge de 18 ans ;

2° Grandes compagnies de chemins de fer.

Les retraites des agents des grandes compagnies de chemins de fer étaient assurées par le montant des sommes versées annuellement par les compagnies, soit dans les propres caisses de retraites gérées par elles, soit à la Caisse nationale des retraites.

Ces sommes étaient déterminées par un tant pour cent des appointements des agents, et ce pourcentage était des plus différents, suivant les compagnies.

Il était de 14 % à l'Est ; de 10 % à l'Etat ; de 15 % au Midi ; de 15 à 18 % à l'Orléans ; de 12 % à l'Ouest ; la compagnie du Nord avait divisé son personnel en deux catégories : les commissionnés et les classés. Pour la première catégorie on versait 5 % du salaire pendant les trois premières années du service, 8 % les 4, 5 et 6e années, 9 % à partir de la 7e année. Le P.-L.M. 10 % pour ses agents inscrits avant 1896, puis 4 % pour ceux inscrits depuis pendant les dix premières années, 5 % de la 10e à la 15e année et 6 % à partir de la 15e année.

De leur côté, sauf à l'Orléans, où l'on ne faisait aucune retenue sur les salaires, la compagnie ayant organisé le service de ses retraites avec ses seules contributions, les agents des compagnies étaient appelés à contribuer à leur retraite par des retenues annuelles, variant entre 3 et 4 %.

Le droit à la retraite variait avec les compagnies, de même que le montant de la pension.

Devant ces discordances, le Parlement résolut d'intervenir, dans le but d'unifier et d'imposer un minimum sous le rapport des garanties à donner aux agents des compagnies de chemins de fer, tant pour l'immatriculation, que pour les conditions de retraites, tout en laissant aux compagnies la faculté de se mouvoir au-dessus du minimum qui allait être fixé.

Des débats qui précédèrent devant le Parlement, et qui aboutirent à la loi du 21 juillet 1909, il résulte qu'au Sénat, où l'on contestait au Parlement le droit de s'immiscer dans les affaires privées des compagnies, M. le Ministre des finances répondit :

« La justification de notre intervention, c'est que les chemins de fer sont un service public, que tôt ou tard, ils seront gérés par l'Etat. Il est donc normal, il est d'une politique prévoyante, que le régime de retraites des agents de chemins de fer soit calculé de telle sorte qu'il n'y ait pas de discordances — j'entends des discordances qui ne puissent se justifier — entre les retraites attribuées au personnel des chemins de fer, qui deviendra quelque jour, un personnel d'Etat, et les retraites dont bénéficient les autres fonctionnaires. Nous avons donc jugé, que pour ces raisons générales, il convenait de se rapprocher le plus possible du régime de la loi du 9 juin 1853 sur les retraites des fonctionnaires de l'Etat. Le livret individuel a des inconvénients, il y a nécessité de donner aux agents une certitude dans le chiffre de la pension. Il faut surtout, dans une administration publique, que les agents puissent se dire que si leur avancement suit les conditions de leur carrière, ils arriveront, à un certain âge, à une pension déterminée de tant.

» Pour ces raisons, nous avons donc été conduits à établir pour les agents des chemins de fer, des pensions en harmonie avec celles que l'Etat donne à ses fonctionnaires.

» Certains membres du Sénat aperçoivent là des dangers pour l'avenir, mais la limite qui me paraît résulter du système que nous avons employé, c'est le statut des fonctionnaires de l'Etat, autrement dit, si nous avons le droit de légiférer, en ce qui concerne les retraites des ouvriers et des employés des compagnies de chemins de fer, parce que nous les considérons comme employés à un service public, nous avons en même temps le devoir de ne pas faire pour eux un statut plus avantageux, toutes choses égales par ailleurs, que celui que nous faisons pour les fonctionnaires de l'Etat. C'est en considération de cette limite que je tiens pour essentielle de l'adaptation nécessaire des retraites des employés et ouvriers des compagnies de chemins de fer, au système de la loi de 1853, que les retraites sont décomptées. Autrement dit, nous calculons, comme dans la loi de 1853, que les retraites des agents et ouvriers des compagnies de chemins de fer seront décomptées sur la base du traitement moyen des six dernières années et nous soutenons qu'en vertu des théories générales que j'ai essayé de vous exposer, pour des raisons pratiques que je donnerai tout à l'heure, il doit y avoir parité entre les âges auxquels les agents et ouvriers des compagnies de chemins de fer peuvent demander leur retraite, et les âges auxquels les fonctionnaires de l'Etat peuvent être admis à faire valoir leurs droits à la retraite.

» Mais n'exagérons pas les choses, et n'allons pas leur faire, même vis-à-vis des fonctionnaires de l'Etat, un statut de privilège. Nous autorisons les compagnies de chemins de fer à leur faire un statut plus avantageux, mais ce qui, à mon sens, nous est interdit, c'est d'inscrire dans la loi, l'obligation pour les compagnies de chemins de fer, de donner comme minimum un statut plus avantageux que celui dont jouissent les fonctionnaires de l'Etat.

» Quelle réponse pourrais-je faire, le lendemain du vote de la loi, aux huissiers et aux garçons de bureau qui, dans un ministère, peuvent être assimilés à ceux des compagnies aux agents de la dette inscrite, ou de la Caisse centrale du ministère des finances, qui peuvent être rapprochés des agents de service des titres d'une compagnie, lorsque ces agents viendront dire que nous avons imposé aux compagnies de chemins de fer, l'obligation de l'âge de mise à la retraite à 55 ans, et que nous, Etat, nous conservons l'âge de 60 ans ? C'est pour ces raisons, Messieurs, que le Gouvernement demande au Sénat de vouloir bien voter une disposition portant que les seuls employés de bureau seront mis à la retraite à l'âge de 60 ans, les charges financières du projet qui vous est soumis arrive même, dans ces conditions, à constituer une charge de 29 à 30.000.000 environ.

» Qui les paiera ? D'abord le réseau de l'Ouest et celui de l'Etat nous appartiennent. En second lieu, pour les compagnies qui fournissent une part de bénéfices à l'Etat, vous supprimez ainsi purement et simplement une recette du Trésor.

» Quant aux compagnies qui sont sous le régime de la garantie d'intérêts, considérez qu'en réalité, comme cela se passe toujours, ce que l'Etat débourse, il le débourse effectivement.

» J'ai donc le droit de dire que c'est, au minimum, une charge de 15 à 20.000.000 qui va incomber à l'Etat. »

Déjà, au début de la discussion de cette loi, M. Poincarré, rapporteur général de la commission des finances du Sénat avait dit à la séance du 18 juin 1909 :

« La question du service sédentaire est très importante. Les employés de l'Etat n'ont, en principe, vous le savez, leur retraite qu'à 60 ans. C'est aussi à 60 ans que sont retraités les ouvriers dans les Manufactures des tabacs et des allumettes, etc... Pourquoi faire un régime différent aux agents du service sédentaire et aux ouvriers des compagnies de chemins de fer ?

» Le Gouvernement a cependant classé uniformément dans le service actif, 27 ou 28.000 ouvriers des établissements de construction de chemins de fer, soit, je prédis seulement à M. le Ministre des finances, qu'il ne tardera pas à recevoir la visite d'une délégation des ouvriers des Manufactures des tabacs et des allumettes, et qu'il lui sera difficile de leur expliquer le privilège accordé aux ouvriers des chemins de fer, et j'entrevois l'époque prochaine où l'on nous demandera de nouveaux crédits pour améliorer les retraites des travailleurs de l'Etat. » Et M. Eug. Lintilhac ajoutait : « Qu'est-ce donc que l'Etat aura à opposer à l'assimilation que ne manquera pas de lui demander un demi-million de ses fonctionnaires ? Rien de valable, en fait, rien de fondé en droit ! »

Monsieur le rapporteur général de la commission des finances répondit :

« L'assimilation est en tout cas indiscutable entre les ouvriers des ateliers des compagnies de chemins de fer et les ouvriers des manufactures de l'Etat. »

Puis M. Lintilhac reprenait : « J'ai dit, et je répète que les fonctionnaires de l'Etat seront fondés, en droit, à invoquer, pour l'abaissement de leur retraite à 55 ans, ce fait que le Gouvernement ne se sera pas borné à homologuer un texte de compagnies, mais qu'il aura dicté, imposé ce texte, en faisant acte de souveraineté, un acte qui l'engage moralement et matériellement au regard du reste de ses fonctionnaires et qui le condamne à ne leur opposer que la raison du plus fort, s'ils viennent à réclamer le même traitement. L'analogie est là, pas ailleurs. Elle est inévitable.

» La catégorie des retraites à 60 ans, ne comprendra plus, si le projet est adopté, que les employés de bureau. »

Enfin, M. le Ministre des finances ajoutait : « Le Sénat a décidé que tous les agents du service actif seraient mis à la retraite à 55 ans. »

Pour une seule catégorie, les employés de bureau, l'âge de la mise à la retraite reste en discussion entre la commission et le Gouvernement.

Le Gouvernement vous dit : Veuillez pour cette catégorie, prononcer la mise à la retraite à l'âge de 60 ans. Quelles objections nous fait-on ? D'abord l'état des choses actuel. On nous dit : sauf dans une compagnie, les agents sont tous mis à la retraite à l'âge de 55 ans. Argument exact. La réponse ? Elle est bien simple. Nous ne troublons en rien les situations existantes, la loi qui intervient est une loi de minimum, elle se borne à prescrire aux compagnies de ne pas faire à leurs agents un traitement moins favorable que celui qui est inscrit dans la loi. Elle les autorise à leur en faire un plus avantageux.

La loi de 1853 distingue deux catégories d'agents : les agents des services actifs, et ceux des services sédentaires. Et ces derniers sont fort nombreux parmi les fonctionnaires de l'Etat. Ce sont ceux-là qui n'ont pas le droit de prendre leur retraite avant 60 ans d'âge. A quels agents réservons-nous, au contraire, ce traitement dans le personnel des compagnies de chemins de fer ? Uniquement aux employés de bureau, pour lesquels l'assimilation avec les agents des services sédentaires de l'Etat est incontestable. Les employés de bureau seront donc seuls considérés comme faisant partie des cadres sédentaires par analogie avec les employés de l'Etat auxquels, je le répète, il est indiscutable qu'ils doivent être assimilés.

On nous dit qu'il y a des différences de traitements, de situations, entre les employés des administrations centrales de l'Etat, et les employés de bureau des compagnies de chemins de fer... Je le sais bien, et nous ne prétendons nullement que les situations doivent être identiques.

Si les employés de l'Etat ont certains avantages, les agents des compagnies de chemins de fer, les employés de bureau, en ont d'autres, tels que les permis pour eux et leurs familles, chaque situation offre pour les uns et les autres des avantages différents. Nous vous disons seulement ceci : quand des agens de l'Etat exerçant une fonction sédentaire, ne peuvent prendre leur retraite qu'à 60 ans, de quel droit allez-vous, par la loi, imposer aux compagnies de chemins de fer, l'obligation d'accorder la retraite à 55 ans aux agents occupant une situation exactement comparable ?

Le rapporteur de la commission spéciale nous dit :

Vous allez faire tort aux veuves... C'est une erreur, mon cher rapporteur, relisez l'article 7, vous y verrez que lorsque l'employé meurt, à quelque époque que ce soit, on accorde à sa veuve une retraite calculée sur celle a laquelle il aurait eu droit. Et laissez-moi vous dire encore : la loi sera plus favorable pour les agents de chemins de fer qu'elle ne l'est actuellement pour les employés de l'Etat, car vous le savez, lorsqu'un employé de l'Etat meurt sans avoir accompli vingt-cinq ans de services, sa veuve n'a droit à aucune pension, et vous le savez aussi la veuve, n'a, dans tous les cas, droit qu'au tiers de la pension de son mari.

Nous demandons une chose bien simple, c'est qu'il n'y ait pas dans la loi une disparité trop choquante? Alors que les fonctionnaires de l'Etat appartenant au service sédentaire ne peuvent pas être admis à la retraite avant soixante ans, nous demandons que les employés de bureau des compagnies de chemin de fer ne puissent pas être mis à la retraite eux non plus avant soixante ans, à moins qu'ils n'aient quinze ans de service actif, ce qui est encore un rappel de la loi de 1853.

Autrement, la loi serait génératrice de grosses répercussions.

C'est de cette discussion qu'est née la dernière loi sur les pensions de retraites votée par le Parlement. Elle porte la date du 21 juillet 1909, et est insérée au *Journal Officiel* du 23 juillet. Sa discussion au Sénat a eu pour principal objectif d'écarter toutes les répercussions que l'on n'était pas décidé à admettre envers les autres fonctionnaires de l'Etat.

Nous en extrayons les passages suivants :

« Art. 1er. — Les grandes compagnies de chemin de fer et l'administration des chemins de fer de l'Etat devront modifier leurs règlements de retraites, de façon à assurer à tous les agents, employés et ouvriers de l'un et l'autre sexe, les droits et avantages minima ci-après, et à satisfaire aux prescriptions de la présente loi.

» Art. 2. — Tout agent, employé ou ouvrier aura droit à une pension de retraite lorsqu'il aura accompli vingt-cinq années d'affiliation, et atteint :

» 50 ans d'âge pour les mécaniciens et chauffeurs.

» 55 ans d'âge pour les autres agents du service actif.

» 60 ans d'âge pour les employés de bureau qui n'ont pas passé quinze ans dans le service actif.

» Toutefois, ces derniers pourront obtenir la retraite à partir de 55 ans, s'ils sont reconnus par la commission de réforme, visée à l'article 3 ci-après, hors d'état de continuer leurs fonctions.

» Art. 3. — Dans le cas de maladie, blessures ou infirmités prématurées le mettant dans l'impossibilité de rester au service des chemins de fer, tout agent, employé ou ouvrier ayant au moins quinze années d'affiliation, aura droit également à une pension de retraite immédiate s'il est reconnu invalide, soit par l'administration a laquelle il appartient, soit par une commission de réforme.

» Toutefois, le droit à pension immédiate lui sera acquis quelle que soit la durée de l'affiliation, si l'invalidité résulte de l'exercice de ses fonctions.

» Aucune pension ne peut être accordée pendant l'activité de service.

» Art. 4. — La pension de retraite sera égale à la moitié du traitement ou salaire moyen, lorsque la double condition d'âge et de durée d'affiliation ci-dessous sera remplie, savoir :

» Pour les mécaniciens, chauffeurs et agents des trains, 50 ans d'âge et vingt-cinq ans d'affiliation;

» Pour le personnel de tous les autres services, 55 ans d'âge et vingt-cinq ans d'affiliation.

» Elle sera augmentée quel que soit l'âge, à raison de 1,50% du traitement ou salaire moyen, par année d'affiliation en plus de 25.

» Elle sera diminuée pour tous les agents, employés ou ouvriers, lorsque la double condition d'âge ou de durée d'affiliation ne sera pas remplie, à raison de 1/100e du traitement ou salaire moyen, par année d'affiliation en moins de 25, et de 1/100e par année d'âge en moins de 50 ou de 55 et, en tout cas, d'au moins 1/50e du traitement ou salaire moyen par année d'affiliation en moins de 25.

» La pension de retraite ne pourra, en aucun cas, dépasser les maxima qui seront fixés par chaque règlement de retraites, ni être inférieure à 5/50e du traitement ou salaire moyen. Elle se cumulera avec les rentes-accidents dues par application de la loi du 9 avril 1898 et des lois subséquentes.

» Art. 5. — Tout agent, employé ou ouvrier quittant le service en dehors des conditions définies aux articles 2 et 3, soit volontairement, soit pour toute autre cause, aura droit, s'il a plus de quinze ans d'affiliation, à une pension de retraite calculée comme il est dit à l'article 4, dont la jouissance sera différée à l'âge où seraient remplies les conditions de la retraite normale, selon la catégorie d'emploi a laquelle il appartient.

» Si l'agent, employé ou ouvrier n'a pas quinze ans d'affiliation, il aura droit au remboursement de ses retenues et de leurs intérêts, calculés au taux bonifié donné au moment du départ par la Caisse d'épargne de Paris à ses déposants. Toutefois, si les retenues ont été versées à la Caisse nationale des retraites pour la vieillesse ou à la Caisse d'assurance en cas de décès, le remboursement sera remplacé par la remise, à l'intéressé, du livret individuel ou de la police d'assurance.

» Tout agent, employé ou ouvrier obligé de quitter le service du chemin de fer avant d'avoir atteint quinze années d'affiliation par suite de maladies, blessures ou infirmités prématurées ne résultant pas de l'exercice de ses fonctions, et reconnu invalide, soit par l'administration à laquelle il appartient, soit par la commission de réforme, aura droit, en outre du remboursement de ses retenues ou de la remise de son livret individuel, comme il est dit ci-dessus, à une indemnité représentée par le montant des dites retenues, majorées de leurs intérêts au même taux.

» Art. 6. — L'affiliation au régime des retraites sera obligatoire après une année d'emploi continu dans une administration de chemin de fer, effectuée après que l'intéressé aura satisfait aux obligations du service militaire de l'armée active. Elle aura lieu pour les femmes, à leur majorité, après une année d'emploi continu.

» Toutefois, lorsque l'intéressé aura été réformé, soit avant, soit après l'incorporation, l'année d'emploi continu ne pourra commencer qu'à partir du jour où la classe à laquelle il appartient par son âge est rentrée dans ses foyers.

» Art. 7. — Les pensions de retraites sont reversibles pour moitié au profit des veuves, sauf en cas de divorce ou de séparation de corps, prononcé au tort exclusif de la femme.

» La reversibilité n'aura lieu que si le mariage est de trois ans au moins antérieur à l'époque a laquelle le mari aura cessé ses fonctions. Aucune condition de durée de mariage ne sera exigée pour la reversibilité, s'il existe un enfant né des conjoints au moment où le mari cesse ses fonctions.

» Lorsque la cessation des fonctions du mari sera la conséquence d'un accident survenu dans le service, il suffira que le mariage soit antérieur à l'accident.

» A défaut de veuve habile à recevoir la pension, les orphelins âgés de moins de 18 ans auront droit à la reversibilité de la demi-pension.

» En cas de décès d'un agent en service, les veuves et orphelins ont droit, dans les conditions indiquées dans les deux premiers alinéas du présent article, à la reversibilité de la moitié de la pension à laquelle aurait eu droit le mari, en raison de son âge et de sa durée d'affiliation.

» Art. 8. — Le traitement ou salaire moyen de tout agent, employé ou ouvrier, qui sert de base à l'établissement de sa pension de retraite, est la moyenne des traitements ou salaires des six années les plus productives.

» Dans les traitements ou salaires, on comprendra les primes et tous les avantages accessoires assimilés à une augmentation de salaires qui ne constituent pas un remboursement de frais, un secours ou une gratification.

» Art. 9. — Le régime de retraites ainsi défini entrera en vigueur immédiatement après l'expiration de la première année suivant celle de la promulgation de la présente loi.

» Art. 10. — Le montant des versements effectués par les grandes compagnies de chemins de fer et l'administration des chemins de fer de l'Etat aux retraites de leur personnel sera déterminé par les règlements de retraites.

» Ces versements pourront être constitués en partie par des retenues opérées sur les traitements ou salaires. Ces retenues seront de 5 % pour les agents, employés ou ouvriers, qui entreront au service des compagnies postérieurement à la promulgation de la présente loi, ainsi que pour ceux déjà en service qui ne font actuellement partie d'aucune caisse de retraites. Elles comprendront, en outre, le premier mois de traitement qui sera réparti sur un délai de 24 mois, ainsi que le 1/12e de chaque augmentation ».

Toutes ces différentes comparaisons, et notamment la loi du 21 juillet 1909, justifient donc pleinement les demandes des préposés et prouvent surabondamment qu'elles n'ont, dans leur ensemble, rien d'exagéré.

Lors de la discussion de la loi du 21 juillet 1909, on s'est surtout attaché, après avoir admis l'assimilation des ouvriers des compagnies des chemins de fer, aux ouvriers des manufactures de l'Etat, à ne classer dans le service sédentaire que les seuls employés de bureau qui n'ont pas passé quinze ans dans le service actif, et qui ne peuvent pas, s'ils sont valides, exiger leur retraite avant soixante ans.

Tous les autres agents, employés ou ouvriers peuvent exiger leur retraite à cinquante-cinq ans.

La pension de retraite est de la moitié du traitement et s'augmente pour chaque année d'affiliation en plus de 25, de 1/50e par année.

Les retraites proportionnelles sont accordées après quinze ans d'affiliation.

Toutes ces pensions sont reversibles sur les veuves ou sur les orphelins, jusqu'à concurrence de la moitié; aucune condition de durée de mariage n'est exigée s'il existe un enfant né des conjoints. Trois années de mariage antérieur à la cessation des fonctions suffisent, s'il y a pas d'enfants, pour que la veuve ait droit à pension, aucune prohibition de cumul n'y est mentionnée.

Voilà le minimum d'avantages que le Parlement a imposé aux compagnies de chemins de fer, ne voulant pas, disait-il, créer aux agents des compagnies, une situation privilégiée sur les autres fonctionnaires de l'Etat.

Les préposés des Manufactures de l'Etat qui font un service essentiellement actif, n'auraient-ils pas le droit de réclamer les mêmes avantages? Cependant, chez nous, c'est le contraire de ce que le Parlement a décidé pour les chemins de fer, ce sont les employés de bureau, les agents du service sédentaire qui sont privilégiés sous le rapport de la retraite.

Eux seuls peuvent atteindre comme retraite les deux tiers de leurs appointements après quarante ans de service; pour eux, point d'interdiction de cumul de pension jusqu'à 6.000 francs, ni de reversibilité de cette pension sur les orphelins jusqu'à 21 ans.

Au-dessous de nous, sont les ouvriers, on leur fait maintenant 5 % de majorations, au lieu de 4 % aux préposés; après 60 ans et trente ans de services, leur pension s'augmente de 1/30e pour chaque année de services en sus.

Tous les services de l'Etat leur sont comptés comme services à l'Administration, la rente du conjoint n'entre pas en ligne de compte dans le calcul de leur pension, on compte leurs services réels même avant l'âge de 20 ans, ils ont des retraites d'invalidité professionnelle, etc...

La pension maxima des commissionnés augmente avec le nombre d'années de services, celle des ouvriers aussi, et la nôtre reste stationnaire. Pourquoi?

C'est un oubli, a dit le ministre en 1905. C'est un oubli, et nous allons le réparer, a dit la commission du budget la même année. Et nous allons le réparer tout de suite, a ajouté la Chambre à l'unanimité.

Mais rien n'a encore été fait en notre faveur...

Partout (et la loi l'a imposé aux compagnies de chemins de fer l'an passé) on prévoit des avantages, des majorations de pension pour l'agent qui, après vingt-cinq ou trente ans de services ne se sent pas fatigué, que l'Administration à laquelle il appartient reconnaît apte à remplir convenablement son service.

Dans l'Administration des Manufactures de l'Etat, et pour les préposés seuls, on ne fait pas de pareils avantages.

Si nous restons en fonctions après 60 ans, nous ne pouvons qu'y perdre, tandis que l'Administration y gagne toujours, d'abord, elle ne sert pas de complément de pension tout en payant un traitement d'activité, puis la mort peut atteindre le préposé avant qu'il ait pu jouir d'aucune pension, et cependant, ils ne sont pas rares les préposés qui prolongent de leur plein gré leur temps de services, même au-delà de 60 ans...

Réduits à notre modeste traitement, vivant dans un milieu essentiellement insalubre, et si bien reconnu tel, que même sous l'ancienne Ferme, des médecins étaient attachés aux Manufactures, et que depuis 1811, date du rétablissement du monopole, à chacun de ces Etablissements est encore attaché un médecin.

Aussi sélectionne-t-on les candidats à l'entrée, on veut avoir la certitude qu'aucun d'eux ne possède de tare constitutionnelle, et de plus, on exige des médecins attachés aux Manufactures, des rapports circonstanciés dans lesquels sont envisagées toutes les remarques qu'ils font sur les maladies observées chez les préposés et chez les ouvriers, ainsi que les particularités que présentent ces maladies.

L'Administration le reconnaît si bien que pour les ouvriers et pour les ouvrières seuls (c'est encore là un point contre lequel nous nous élevons), elle accorde à 55 ans, quelle que soit la durée des services, des pensions de

600 francs et de 400 francs qui vont très probablement devenir des pensions de 720 francs et de 510 francs, d'après les nouveaux minima, s'il est établi que l'invalidité de cet agent est la conséquence de son occupation dans l'Etablissement.

Comme si le préposé qui vit dans le même milieu que l'ouvrier devait être exempt, lui, des infirmités, conséquences de ses occupations dans l'Etablissement.

Au lieu des préposés et des *préposés seuls*, comme jadis, c'est donc pour les ouvriers seulement que l'on procède aujourd'hui, par analogie, avec la loi de 1853. L'article 11 de la loi du 9 juin 1853 admet que « peuvent exceptionnellement obtenir pension, quel que soit leur âge, et quelle que soit aussi la durée de leur activité : 1° Les fonctionnaires et employés qui auront été mis hors d'état de continuer leurs services, soit par suite d'un acte de dévouement dans un intérêt public, soit en exposant leur jours pour sauver la vie d'un de leurs concitoyens, soit par suite de lutte ou combat soutenu dans l'exercice de leurs fonctions;

» 2° Ceux qu'un accident grave résultant notoirement de l'exercice de leurs fonctions, met dans l'impossibilité de les continuer ».

Et différents arrêts du Conseil d'Etat basés sur ce § 2, ont admis les droits à pension, soit pour sciatique chronique résultant d'un long exercice de leurs fonctions, dans un local humide et insalubre (21 juillet 1882), soit pour douleurs rhumatismales contractées dans l'exercice des fonctions (8 août 1865), soit pour fatigues multipliées pendant la guerre 1870-71 (21 juillet 1882), etc., etc...

Le commis n'a pas tous les inconvénients des préposés : travaillant dans un bureau bien clos, bien chauffé, isolé complètement du reste de l'Etablissement, astreint à beaucoup moins de présence que le préposé, n'ayant pas, comme lui, les ennuis de chaque jour avec le personnel ouvrier, c'est cependant lui, qui sans supplément de retenues, a reçu et profite depuis 1901, de l'élévation du maxima de retraite que réclament encore aujourd'hui, et depuis la même date, les préposés.

Jusqu'en 1901, les maxima de retraites sont restés les mêmes pour les préposés et pour les commis, et alors que ces derniers n'ont eu aucun sacrifice nouveau à consentir pour obtenir que ce maxima soit élevé de la moitié aux deux tiers des appointements, les préposés, eux, offrent l'important crédit affecté aux gratifications.

A la séance du Sénat, du 13 février 1901, n'avait-il pas dit, le rapporteur du budget : « Enfin, on a encore ouvert une brèche dans le tarif des pensions, en les portant de la moitié aux deux tiers. Or cette disposition, par la logique et la justice, sera successivement étendue à tous les fonctionnaires. »

Les préposés sont bien des fonctionnaires, on le leur répète tous les jours et sur tous les tons, on profite même de l'attribution de cette qualité pour leur interdire les opérations commerciales, à eux et à leurs femmes, alors pourquoi ne pas leur accorder, comme aux fonctionnaires, l'élévation du maxima des retraites ?

Les ouvriers que nous dirigeons ont bien obtenu, eux, en 1893, des 1,30f après 60 ans, et en 1910, l'élévation du maxima de pension à 60 ans.

La première partie de notre carrière se passe dans une gène voisine de la misère, et la seconde, à nous suffire modestement, très modestement, à la condition, toutefois, d'affecter scrupuleusement nos ressources aux seules nécessités premières.

L'Etat en se réservant toute l'activité de notre jeunesse, en nous obligeant à verser à la Caisse nationale des retraites, des retenues et des majorations qui sont en somme des augmentations de salaires, s'est moralement engagé à assurer nos vieux jours ; ils ne le sont plus aujourd'hui, quand arrive la retraite, puisque les maxima actuels empruntés à une législation antérieure ne sont plus en rapport avec la valeur actuelle de l'argent et devraient être notablement relevés. Réduits du jour au lendemain à la moitié de notre traitement, c'est la gêne de nos débuts qui réapparaît, mais plus hideuse, car aux besoins que la vieillesse amène fatalement avec elle, s'ajoutent le plus souvent encore, les charges de famille.

Le Parlement, du reste, a justement apprécié cette situation, puisque par une série de lois, il a élevé les différents maxima de pensions des commis des administrations précédemment traités comme nous, et ceux des ouvriers de nos Etablissements. Avec la condition d'âge de 60 ans que l'Etat impose à ses fonctionnaires du service sédentaire seulement, et qu'il vient de défendre aux compagnies de chemins de fer d'imposer, à une autre catégorie d'agents, qu'aux employés de bureau, on crée aux préposés qui sont entrés de bonne heure dans l'Administration, une situation moins favorable qu'à ceux dont les services sont moins anciens, car ils n'en retirent pas plus d'avantages comme retraite. Logiquement, on ne devrait donc pas poser d'autres conditions que celles relatives à un minima de services.

Les pensions des veuves et celles des orphelins en faveur desquels la loi la plus récente (celle des chemins de fer), admet toujours la reversibilité jusqu'à concurrence de la moitié de la pension du mari, ne sont pas plus, du reste, que les interdictions de cumul de pensions entre elles, en rapport avec les besoins actuels de la vie, si elles se réduisent au tiers, comme pour les préposés, actuellement, d'autant plus qu'il a été interdit récemment aux femmes comme aux maris, de se créer d'autres ressources pendant la durée d'activité du mari, au cas où ce dernier viendrait à manquer. Les députés et les sénateurs l'ont démontré eux-mêmes par les règlements qui régissent la reversibilité de leurs propres pensions.

Compris dans le personnel secondaire des Manufactures, les préposés ont toujours été régis par des règlements analogues à ceux des ouvriers, alors que l'on procédait, en même temps, à leur égard, par analogie avec ce qui existait pour les fonctionnaires en vertu de la loi concernant leur retraite.

De plus, seules les veuves de préposés avaient, avant 1892, la moitié de la pension du mari, au lieu du tiers. Pourquoi ne pas leur avoir continué ce taux de reversibilité ? Les préposés demandent donc que les modifications suivantes soit apportées au règlement qui régit leur pension de retraite. Ils espèrent que l'Etat ne se refusera pas à leur accorder, quand ils auront accompli quarante ans de services à l'Etat et qu'arrivés à la dernière limite de leurs forces, lorsque l'âge, la maladie, les infirmités les accableront, lorsqu'enfin, les dernières étincelles de leur vie épuisée, ne seront vraiment plus utilisables, les deux tiers du traitement moyen accordés maintenant comme retraite à tous les fonctionnaires, ainsi que quelques-uns des avantages qu'il a imposés aux compagnies privées de chemins de fer en faveur de leur personnel.

TEXTE ACTUEL	TEXTE DEMANDÉ
Art. 3. — Une pension minima est assurée à leur sortie des Etablissements de l'Administration, aux préposés comptant au moins 60 ans d'âge et trente ans de services à l'Etat.	Une pension minima est assurée à leur sortie des Etablissements de l'Administration, aux préposés comptant au moins 55 ans d'âge et trente ans de services à l'Etat.
Le préposé reconnu incapable de continuer ses fonctions, sera dispensé de la condition d'âge, et n'aura à justifier que de vingt ans de services.	Le préposé reconnu incapable de continuer ses fonctions sera dispensé de la condition d'âge, et n'aura à justifier que de vingt ans de services. Toutefois, le droit à pension immédiate lui sera acquis, quels que soient son âge et la durée de ses services, si l'invalidité résulte de l'exercice de ses fonctions.
Les services civils ne seront comptés qu'à partir de l'âge de 20 ans accomplis.	*Supprimer*
Art. 4. — La pension minima est basée sur la moyenne des gages et compléments de gages, dont l'ayant droit a joui pendant ses quatre dernières années d'activité.	*Reste le même*
Pour chaque année de services rendus dans les Etablissements de l'Administration, elle sera réglée à raison de 1/60e de cette moyenne.	*Reste le même*
En outre, s'ils n'ont pas déjà été rémunérés par une pension, les services militaires et ceux rendus dans une autre administration de l'Etat seront décomptés à raison, par année, de 1/90e de cette moyenne, Toutefois, la pension minima ci-dessus définie, ne pourra excéder moitié des gages moyens, mais elle se cumulera, s'il y a lieu, avec la pension militaire.	En outre, s'ils n'ont pas déjà été rémunérés par une pension, les services militaires et ceux rendus dans une autre administration de l'Etat, seront décomptés par année, à raison de 1/60e de cette moyenne. Toutefois, la pension minima ci-dessus définie ne pourra excéder deux tiers des gages moyens, mais elle se cumulera s'il y a lieu, avec la pension militaire, et avec les rentes-accidents dues par application de la loi du 9 avril 1898 et des lois subséquentes.
Art. 5. — Le montant des rentes viagères liquidées par la Caisse nationale des retraites pour la vieillesse, soit au nom du préposé, soit au nom de son conjoint, s'il est	Le montant des rentes viagères liquidées par la Caisse nationale des retraites pour la vieillesse, soit au nom du préposé, contribuera à la constitution de la pension minima, mais

TEXTE ACTUEL	TEXTE DEMANDÉ
marié, contribuera à la constitution de la pension minima.	dans le décompte des compléments à servir à un préposé marié, on ne fera pas intervenir la pension viagère dont son conjoint pourrait être titulaire, par suite de versements effectués antérieurement à l'application du présent règlement.
Dans le cas, toutefois, où le conjoint d'un préposé serait, ou aurait été lui-même au service de l'Administration, on ne fera pas intervenir dans le décompte la portion de sa rente viagère qu'il se serait personnellement constituée en sa qualité d'agent de l'Administration.	*Supprimer*
Lorsque les versements à la Caisse des retraites auront été effectués en totalité ou en partie, sous la clause de réserve du capital, le calcul de la pension complémentaire serait basé sur le chiffre des rentes qui auraient été obtenues par l'intéressé ou son conjoint, s'ils avaient été constamment soumis au régime du capital aliéné.	*Reste le même*
Il sera tenu compte également du supplément de rente viagère que serait susceptible de donner l'aliénation immédiate à la Caisse nationale des retraites pour la vieillesse, des sommes que le préposé ou son conjoint auraient en dépôt à la Caisse d'épargne, en vertu des dispositions réglementaires.	Il sera tenu compte également du supplément de rente viagère que serait susceptible de donner l'aliénation immédiate à la Caisse nationale des retraites pour la vieillesse, des sommes que le préposé ou son conjoint auraient en dépôt à la Caisse d'épargne, en vertu des dispositions réglementaires, les préposés intéressés demeurant, d'ailleurs, toujours libres d'augmenter leurs pensions en abandonnant le capital primitivement réservé à la Caisse des retraites, ou retiré de la Caisse d'épargne.
Art. 6. — A droit à un minimum de pension, si le mariage a été contracté plus de six ans avant la mise à la réforme ou la mort du mari, la veuve du préposé qui, au moment de sa sortie, réunissait les conditions indiquées dans l'art. 3 ou qui est dé-	A droit à un minimum de pension si le mariage a été contracté plus de quatre ans avant la mise à la réforme ou la mort du mari, la veuve du préposé qui, au moment de sa sortie, réunissait les conditions indiquées dans l'art. 3 ou qui est décédé en

TEXTE ACTUEL	TEXTE DEMANDÉ
cédé en activité de fonctions après vingt ans de services au moins.	activité de fonctions après vingt ans de services au moins.
	Aucune condition de durée de mariage ne sera exigée pour la réversibilité, s'il existe un enfant né des conjoints au moment où le mari cesse ses fonctions, ou si la cessation de fonctions a été la conséquence d'un accident survenu dans le service.
La pension minima de la veuve sera décomptée de manière à représenter le tiers de la pension que le mari avait obtenue ou aurait pu obtenir.	La pension minima de la veuve sera décomptée de manière à représenter la moitié de la pension que le mari avait obtenue ou aurait pu obtenir.
La pension ainsi définie sera indépendante de celle que la veuve aura pu se constituer en sa qualité d'agent de l'Administration.	*Reste le même*
Le droit à la pension minima n'existe pas pour les femmes divorcées, ou contre lesquelles la séparation de corps a été prononcée.	Le droit à la pension minima n'existe pas pour les femmes divorcées ou séparées de corps, si le divorce ou la séparation ont été prononcés aux torts exclusifs de la femme.
Art. 7. — Les orphelins de père et de mère ont droit : (âgés de 18 ans)	Les orphelins de père ou de mère âgés de moins de 21 ans ont droit, jusqu'à leur majorité :
1° Du chef de leur père, à un secours annuel d'importance égale au chiffre de la pension que la mère aurait obtenue en qualité de veuve, conformément aux dispositions de l'art. 6 du présent règlement ;	*Reste le même*
2° Du chef de leur mère, à un secours égal au tiers de la pension de préposé ou d'ouvrière à laquelle elle avait droit au moment de son décès avec un maximum de 200 fr.	2° Du chef de leur mère, à un secours égal à la moitié de la pension de préposé ou d'ouvrière à laquelle elle avait droit au moment de son décès, avec minimum de 200 fr.
Les allocations temporaires ainsi définies pourront être cumulées. L'annuité due par application des dispositions qui précèdent, sera payée intégralement jusqu'à ce que le plus jeune des enfants ait atteint l'âge de 18 ans.	Les allocations temporaires ainsi définies pourront être cumulées. L'annuité due par application des dispositions qui précèdent, sera payée intégralement jusqu'à ce que le plus jeune des enfants ait atteint l'âge de 21 ans.

TEXTE ACTUEL	TEXTE DEMANDÉ
S'il existe une veuve et un ou plusieurs orphelins provenant d'un mariage antérieur du préposé, il sera prélevé sur la pension de la veuve, et sauf reversibilité en sa faveur, un quart au profit de l'orphelin du premier lit, s'il n'en existe qu'un âgé de 18 ans, et moins de la moitié s'il en existe plusieurs.	S'il existe une veuve et un ou plusieurs orphelins provenant d'un mariage antérieur du préposé, il sera prélevé sur la pension de la veuve, et sauf reversibilité en sa faveur, un quart au profit de l'orphelin du premier lit, s'il n'en existe qu'un âgé de moins de 21 ans, et la moitié s'il en existe plusieurs.
Art. 11. — Le présent réglement abroge toutes instructions antérieures sur la matière.	Art. 11. — Le cumul de deux pensions est autorisé dans la limite de 6.000 francs, pourvu qu'il n'y ait pas double emploi dans les années de services présentées pour la liquidation.
	Art. 12. — Le présent réglement abroge toutes instructions antérieures sur la matière.

Etude sur l'augmentation des appointements

Les conditions du contrat de travail qui lie les préposés à l'Administration ont été indiquées à la commission d'enquête parlementaire, sur l'exploitation du monopole des tabacs et des poudres, nommée par l'Assemblée nationale en 1875, par M. le Directeur général des Manufactures de l'Etat, « après examen et avis de son conseil d'administration ».

Ces conditions énoncées dans le rapport de M. Hamille sont les suivantes :

« Les Manufactures de tabacs sont divisées sous le rapport du taux des gages et salaires des préposés, en classe établies, en tenant compte des conditions locales de l'existence et des gages et salaires de l'industrie privée.

» Pour chaque Manufacture, le salaire à la journée des surveillants de dernière classe (la 4e, aujourd'hui surveillants stagiaires) a été fixé de telle sorte, qu'il soit équivalent au salaire journalier moyen gagné à la tâche par les hommes faits et valides, travaillant comme ouvriers dans le même Etablissement ».

Il ajoutait même que depuis 1860 les gages et salaires des préposés, tant au mois qu'à la journée, avaient été augmentés à trois reprises différentes, en 1861, en 1866, et pour la dernière fois, le 1er janvier 1870, et que ces augmentations successives, nécessitées par le renchérissement des conditions matérielles de la vie et par l'accroissement général du prix de la main-d'œuvre dans l'industrie privée, avaient varié d'importance suivant les

Manufactures, pour rester proportionnées dans chacune d'elles, à l'intensité des causes locales de renchérissement.

Les variations survenant dans l'un des deux facteurs servant de base à la fixation des appointements des préposés, élévation de la moyenne des salaires ouvriers ou renchérissement des conditions matérielles de la vie, suffisent pour motiver une augmentation équivalente du chiffre des appointements des intéressés.

C'est dans ce sens qu'ont encore décidé récemment les commissions du budget des deux Chambres.

Le rapport Boudenoot, au Sénat, sur le budget de l'exercice 1907, proposait en effet un relèvement du tarif des gages des préposés, concierges et garçons de bureau, basé sur ce que ces gages n'avaient pas été augmentés depuis 1892, époque où ils avaient alors été calculés de façon à assurer à ces agents une situation légèrement supérieure à celle des ouvriers; état de choses qui avait été renversé depuis cette époque par suite de la progression constante des salaires.

Tandis que la rapport Massé, présenté à la Chambre des députés sur le budget de l'exercice 1910 proposait le relèvement de catégorie de quatre Manufactures (par suite du renchérissement important des conditions de l'existence dans les villes considérées), il ajoutait même que les conditions de travail des ouvriers de nos Manufactures avec lequel les préposés sont en contact continuel, étaient particulièrement insalubres.

Jamais aucun texte administratif ou parlementaire n'a donc été si peu vague ou indécis que le contrat de travail dont nous venons d'énoncer les conditions. Il est conçu en termes absolument formels et n'a jamais été soumis à aucune éventualité ni subordonné à aucune circonstance plus ou moins aléatoire.

C'est là, il nous semble, un titre valable sur lequel on peut compter absolument, car il n'est pas possible qu'il soit plus clair, et si avec de pareils termes, les préposés n'ont pas un droit acquis, jamais aucune catégorie d'agents ne pourra évoquer un droit, ou alors, nous ne savons plus comprendre.

Voyons donc maintenant si ce contrat est scrupuleusement exécuté.

Jusqu'en 1882, les surveillants étaient payés à la journée, et le cadre des préposés femmes n'existait pas, toutes étaient également payées à la journée. Nous ne pouvons donc utilement, pour les comparaisons que nous allons faire, que partir de 1882.

De même jusqu'à ces dernières années, les appointements des préposés techniques et ceux des préposés de la fabrication, ne formaient qu'un tout, et au compte annuel, en matières et deniers publié par l'Administration sur l'exploitation des monopoles, un titre unique sous la rubrique : **préposés, chefs mécaniciens, chefs de section, contremaîtres, contremaîtresses, surveillants et surveillantes, concierges et garçons de bureau.**

C'est sous cette rubrique que figure encore, du reste, la dépense afférente à l'ensemble des préposés techniques ou non, pour la dernière année dont l'Administration a publié les résultats, l'année 1908.

A différentes reprises, les préposés avaient demandé à connaître séparément le chiffre des crédits qui leur étaient alloués, mais ce n'est que depuis quelques années que des articles séparés figurent en ce sens dans les rapports sur le budget du ministère des finances, il ne nous serait donc pas possible de faire cette division d'une manière exacte avant la période actuelle, d'un autre côté, les différents comptes officiels en matières et en deniers, publiés chaque année par l'Administration, ne donnant les moyennes générales ouvrières pour les tabacs, que depuis 1892, et pour les allumettes, que depuis 1890, ce n'est que depuis 1892 que nous relevons ces moyennes.

Mais nous pouvons dire, dès maintenant, que depuis 1882 jusqu'à aujourd'hui, les augmentations accordées aux préposés ont été les suivantes :

1891. — Arrondissement des chiffres d'appointements qui ne nous a procuré que des augmentations annuelles de très faible importance.

1906. — Augmentation de 124.000 francs pour les préposés des Manufactures des tabacs et allumettes, répartie sur les trois exercices 1906-1907-1908.

Il est vrai que comme conséquence de l'adoption par le Parlement de l'amendement Lemire en 1900, une dépense totale de 157.800 francs a été prévue par échelons pour jusqu'en 1918, dans le but d'assurer l'avancement régulier des préposés, et que, sur ces 157.800 francs

	30.000 francs ont déjà été votés en		1900
	15.000	— —	1905
	44.800	— —	1907
Total. . . .	89.800 francs, mais il y a lieu d'en déduire :		

37.500 francs distribués aux concierges intérimaires et aux veilleurs de nuit intérimaires. Il reste donc 52.300 francs.

La loi du 13 juillet 1906 assurant le repos hebdomadaire des concierges et des veilleurs de nuit a en effet nécessité une dépense de pareille somme depuis juillet 1906 jusqu'à fin décembre 1909, mais bien qu'on sache que l'application des lois sociales ait des répercussions budgétaires, l'Administration des Manufactures de l'État a négligé de demander des crédits supplémentaires et a pris la somme nécessaire pour assurer ce repos hebdomadaire sur les crédits affectés à l'avancement des préposés.

(Note de l'Administration à la commission du budget du Sénat pour 1909, consignée au rapport Boudenoot déposé à la séance du 8 décembre 1908).

De plus, différentes Manufactures ont été relevées de classes. Ces relèvements ont donné lieu aux dépenses suivantes :

1898, 2 Manufactures, dépense inconnue, mais sûrement peu importante.
1899, 7 Manufactures.................... 17.000 francs.
1905, 4 Manufactures.................... 10.313 francs.
1910, 4 Manufactures.................... 15.500 francs.

Il est à remarquer que tous les crédits votés, tant pour régulariser l'avancement que pour élever de classe certaines Manufactures, ont profité (sauf le dernier chiffre de 15.500 francs) aussi bien aux préposés techniques qu'aux préposés de la fabrication, sans qu'il soit possible de faire une ventilation exacte faisant ressortir la part revenant à ces derniers seulement, et que, de plus, c'est uniquement sur l'ensemble des crédits affectés aux deux catégories de préposés, qu'ont été prises les fortes augmentations accordées aux préposés techniques.

A part donc la minime augmentation de 1891, qui n'a eu pour but que d'arrondir les chiffres d'appointements, la seule augmentation véritablement basée sur la progression des salaires ouvriers, qui ait profité à tous les préposés depuis 1882, a donc été celle de 1906 échelonnée sur les années

1906-1907-1908 et dont ont surtout bénéficié les préposés des Manufactures de la Seine.

*
* *

Nous allons maintenant indiquer les effets du vote de ces différentes dépenses et faire la comparaison avec les augmentations accordées aux autres agents de notre Administration, en en exceptant toutefois le personnel commissionné dont nous ne connaissons pas les appointements exacts, puisqu'il résulte d'une note remise par l'Administration à la commission du budget du Sénat en 1909, et reproduite au rapport Boudenoot, « que les disponibilités de crédit constatées en fin d'année sont distribuées aux employés et que ces disponibilités atteignent un chiffre assez élevé ».

Tout ce que nous savons de ce personnel commissionné, c'est qu'en dehors des disponibilités dont nous venons de parler, les sommes prévues à son sujet au budget de 1876, étaient de 340.680 francs pour 125 unités, soit une moyenne de 2.725 fr. 44, qui est passée à 3.404 fr. 46 en 1885, par suite du vote du budget d'une dépense de 381.300 francs pour 112 unités.

(Dans les chiffres ci-dessus, il n'est question, bien entendu, que du personnel de comptabilité des Manufactures, à l'exclusion des directeurs, ingénieurs, etc., etc...)

Le budget de 1910 prévoit pour ces mêmes employés une dépense de 364.500 francs pour 105 employés (indemnités de logement non comprises, or, même dans les Manufactures de dernière catégorie, les indemnités de logement des contrôleurs s'élèvent à 800 francs par an).

L'avancement des employés commissionnés est excessivement rapide, puisqu'il peut avoir lieu après un an d'ancienneté de grade (décret du 2 février 1907), et que la plupart des contrôleurs actuellement en fonctions ont atteint ce grade entre l'âge de 40 à 45 ans.

Quant au personnel des préposés, il comprend maintenant, d'après le rapport Masse, sur le budget du ministère des finances pour 1910, 65 préposés techniques, pour une dépense totale de 228.000 francs, soit une moyenne de 3.507 fr. 69 par tête, et 908 préposés de la fabrication dans les Manufactures, pour une dépense totale de 1.857.121 francs, soit une moyenne de 2.045 fr. 28.

Malgré les changements de dénominations, il est facile de se rendre compte qu'à part les surveillants-mécaniciens qui, quoique tous appelés au concours, ne subissent pas avec succès les épreuves de capacité pour le grade de chefs mécaniciens, et qui ne peuvent pas dépasser le maxima de 4.000 francs, tous les préposés techniques actuellement en fonctions, même ceux qui n'ont encore jamais été appelés à subir les épreuves de chefs mécaniciens, prévues seulement par le décret de 1908, ont bénéficié, depuis 1882, des différences d'appointements suivantes, dans les Manufactures de la Seine, que nous prendrons comme base de comparaison :

	1882	1892	1910	DIFFÉRENCE ENTRE LES ANNÉES 1882-1892	1892-1910	TOTALES
Surveillant mécanicien 2e classe..	»	»	2 800	»	»	800
— 1re classe.	2.200	2 200	3.000	»	800	800
Contremaître mécanicien 2e classe	»	2 400	3.200	»	800	800
— 1re classe	2.530	2.600	3 400	70	800	870
Chef mécanicien 3e classe........	2.860	2.900	3.700	40	800	840
— 2e classe........	3.190	3.200	4.000	10	800	810
— 1re classe.......	3.520	3.600	4 400	80	800	880
Chef mécanicien princip. 2e classe	3 960	4 000	4.800	40	800	840
— 1re classe	4.100	4.400	5.200	»	800	800
Sous-ingénieur.................	»	»	5 700	»	»	1.300

Alors que les préposés de la fabrication des mêmes Manufactures de la Seine, qu'une différence de 200 francs par an, sépare depuis 1906 des préposés des Manufactures de 1res catégories (avant 1906 cette différence n'était que de 100 francs), n'ont bénéficié, malgré cette augmentation beaucoup plus importante que celle accordée aux préposés des Manufactures de province, que des différences d'appointements suivantes :

Surveillants 3e classe..........	1.760	1.800	1.900	40	100	140
— 2e classe..........	1.870	1.900	2.050	30	150	180
— 1re classe..........	1.980	2.000	2.200	20	200	220
Contremaître 3e classe..........	2 145	2.150	2.350	5	200	205
— 2e classe..........	2.310	2.350	2.550	40	200	240
— 1re classe..........	2.475	2.550	2.750	75	200	275
— principal..........	Néant	Néant	3.000	»	»	250
Chef section 2e classe..........	2.750	2 800	3 000	50	200	250
— 1re classe..........	3.080	3.100	3.300	20	200	220
— principal 2e classe..	3.520	3.500	3.700	»	200	200
— — 1re classe..	Néant	4.000	4.200	»	200	200

et que pris dans leur ensemble, les salaires généraux journaliers moyens des ouvriers des différentes manufactures de France ont subi les progressions suivantes d'après les données officielles (comptes en matières et en deniers de l'exploitation des monopoles, publiés par l'Administration des Manufactures de l'Etat) :

ANNÉES	MANUFACTURES DES TABACS OUVRIERS	OUVRIÈRES	MANUFACTURES D'ALLUMETTES OUVRIERS	OUVRIÈRES
1892	4 93	2 89	4 52	2 92
1893	4 97	3 01	4 77	3 25
1894	5 08	3 17	5 02	3 46
1895	5 15	3 23	5 06	3 75
1896	5 27	3 40	5 39	4 08
1897	5 32	3 39	5 65	4 22
1898	5 36	3 34	5 90	4 33
1899	5 44	3 33	6 09	4 41
1900	5 51	3 55	6 14	4 60
1901	5 60	3 59	6 58	4 76
1902	5 69	3 75	6 55	4 83
1903	5 79	3 85	6 57	4 92
1904	5 91	3 94	6 68	5 »
1905	5 89	3 93	6 71	5 03
1906	6 17	4 10	6 93	5 15
1907	6 33	4 26	6 94	5 28
1908 (dernier publié)	6 49	4 31	7 »	5 31

soit, pour 300 journées de travail par an, une différence de 468 francs pour les hommes et de 435 francs pour les femmes, pris en bloc dans les Manufactures de tabacs, et de 741 francs pour les hommes et 720 francs pour les femmes, dans les Manufactures d'allumettes.

Or, ces taux moyens journaliers ouvriers comprennent, à la fois les salaires à la journée, et ceux à la tâche, sans aucune sélection, alors que dans sa réponse à la commission d'enquête parlementaire de 1875, l'Administration déclarait qu'elle payait ses préposés de façon à ce que le surveillant de dernière classe, (aujourd'hui surveillant stagiaire), à :

1.900 francs dans les Manufactures de la Seine,
1.700 francs dans les Manufacture de 1re catégorie,
1.600 francs dans les Manufactures de 2e catégorie,

ait des salaires équivalents au salaire journalier moyen gagné à la tâche par les hommes faits et valides travaillant comme ouvriers dans le même Etablissement.

La progression des salaires ouvriers a continué en 1909 et en 1910, elle dépasse certainement, depuis 1906, l'augmentation accordée à cette date aux préposés et échelonnée sur trois annuités.

Dans les Manufactures de la Seine, les moyennes de certains ateliers dépassent 10 francs par jour pour les tabacs, et 11 fr. 50 par jour pour les allumettes, alors que le préposé qui les surveille et les dirige ne gagne souvent que 1.900 francs par an.

La proportion est la même dans les Manufactures de toutes les catégories, puisque dans celles de dernière catégorie, la moyenne des différentes brigades atteignent 8 francs par jour et celles des femmes 4 fr. 50 par jour.

Certes, nous sommes loin de trouver que les salaires ouvriers soient trop élevés, ils sont restés proportionnés avec le renchérissement des conditions de l'existence, et c'est ce que l'Administration s'était également engagée à faire en ce qui concerne les appointements des préposés.

Voici en ce qui concerne les Manufactures de la Seine, prises comme type pour les préposés au début de cette étude, l'état comparatif des salaires des ouvriers et des ouvrières, avec les appointements des préposés, en supposant même, ce qui est absolument inexact, le tableau précédent nous le montre, que les salaires ouvriers ne progresseront plus depuis 1908 jusqu'en 1925.

Etat comparatif des salaires ouvriers avec les appointements des préposés

1° HOMMES

Salaires touchés par les ouvriers en :

DATES D'ADMISSION	1901	1902	1903	1904	1905	1906	1907	1908
18 juillet 1900.	1.609 27	1.805 87	1.746 61	1.856 98	2.081 04	2.293 38	2.476 02	2.483 38
27 juillet 1900.	1.709 56	2.162 75	2.061 93	2.373 61	2.329 »	2.256 67	2.550 52	2.477 20
17 août 1900 ..	1.815 09	1.900 35	2.323 91	2.365 37	2.278 93	2.381 18	2.493 25	2.505 87
20 août 1900..	1.832 11	1.989 18	2.188 67	2.235 02	2.262 »	2.339 01	2.293 71	2.330 63
6 juillet 1900.	1.760 31	1.955 95	1.967 66	2.280 65	2.316 27	2.316 82	2.355 73	2.457 62
Totaux..	8.726 34	9.814 10	10281 18	11211 63	11270 24	11590 06	12149 26	12254 70
Salaire moyen.	1.745 »	1.963 »	2.056 »	2.242 »	2.254 »	2.318 »	2.430 »	2.450 »

2° FEMMES

Salaires touchés par les ouvrières en :

DATES D'ADMISSION	1901	1902	1903	1904	1905	1906	1907	1908
Août 1900.....	1,639 70	1.233 18	1.681 49	1.615 75	1.493 22	1.501 67	1.771 96	1.651 42
—	1,387 49	1,562 05	1.688 »	1.907 75	1.430 77	1.740 65	1.716 44	1,880 33
—	1,181 10	1.355 65	1.612 33	1,572 30	1.545 18	1.659 03	1.946 90	1,833 70
—	1,518 32	1.491 75	1.656 95	1.635 47	1.582 65	1.415 30	1.769 46	1.731 19
—	1,378 42	1.481 88	1.597 17	1.513 65	1.531 72	1.468 62	1.510 63	1.740 70
TOTAUX...	8,726 34	7.427 51	8.235 94	8.274 92	7.586 51	7.788 27	8.748 39	8,810 34
Salaire moyen	1,427 »	1.485 »	1.648 »	1.655 »	1.517 »	1.558 »	1.749 »	1.768 »

SOMMES TOUCHÉES

	OUVRIERS	PRÉPOSÉS	DIFFÉRENCES en plus	DIFFÉRENCES en moins	OBSERVATIONS
1901	1.745	1 750	5		
1902	1.963	1.800		163	
1903	2.056	1.900		156	
1904	2.212	1.900		312	
1905	2.251	1.900		351	
1906	2.318	1.975		343	
1907	2.430	2 050		380	
1908	2.450	2 050		400	
1909	2 450	2 200		250	
1910	2.450	2.200		250	
1911	2.450	2.200		250	
1912	2.450	2.275		175	
1913	2.450	2.350		100	
1914	2.450	2.350		100	
			5	3.263	Sommes touchées en plus par les ouvriers 3.263 — 5 = 3.258 fr.
1915/6/7	2.450	2 550	300		100 fr. par an pour 1915/16/17.
1918	2.450	2 650	200		200 fr. par an pour 1918.
1919/20/1	2 450	2.750	900		300 fr. par an pour 1919/20/21.
1922	2.450	2 875	425		425 fr. par an pour 1922.
1923/4/5	2.450	3.000	1.375		pour 1.925, six mois seulement, et 550 fr. par an pour 1923/24.
			3.200		

D'après ce tableau, il est facile de se rendre compte que, même avec un avancement régulier, il faut à un préposé entré dans une Manufacture en 1901, quinze ans de services pour arriver à avoir des appointements supérieurs à ceux des ouvriers entrés à la même date, et que ces ouvriers ont touché 3.258 francs en plus que les préposés pendant ces quinze années. Il faudra donc encore à ce préposé, après ses quinze premières années, dix nouvelles années pour regagner cette somme, ce qui lui fera vingt-cinq années de services, toujours en supposant, ce qui est absolument inexact, que les salaires des ouvriers soient encore en 1925, ce qu'ils étaient en 1908.

Il en est de même à quelque chose près, pour les préposées dames.

Or, pour les ouvriers, il faut bien l'avouer, la valeur et l'autorité d'un chef, se jaugent à son salaire, celui qui gagne le plus sera toujours le mieux écouté; alors quel respect veut-on qu'impose un préposé auquel il faudra quinze ans de services pour arriver à gagner ce que touche un ouvrier dès sa rentrée à la Manufacture?

Nous avons d'autre part, établi plus haut, des tableaux comparatifs desquels il ressort nettement que, si nous comparons les avantages obtenus depuis 1882, par les préposés techniques et ceux obtenus par les préposés de la fabrication, nous trouvons les différences suivantes :

PRÉPOSÉS TECHNIQUES		PRÉPOSÉS D'ATELIERS	
Surveillant mécanicien 2e classe..		Surveillant 3e classe.............	140
— 1re classe.	800	— 2e classe.............	180
Contremaître mécanicien 2e classe	800	— 1re classe.............	220
— 1re classe	870	Contremaître 3e classe...........	205
Chef mécanicien 3e classe........	810	— 2e classe...........	240
— 2e classe........	810	— 1re classe...	275
— 1re classe.......	880	Contremtre. princ. 2e cl. (ch. sect.)	250
Chef mécanicien principal 2e cl...	810	— 1re cl. — .	220
— — 1re cl..	800	Chef de sect. principal 2e classe..	200
Sous-ingénieur..................	1.300	— 1re classe..	200

Tous ces chiffres parlent d'eux-mêmes, et les cadres dans lesquels ils sont placés, font ressortir aux yeux les moins prévenus, la différence d'amélioration qui existe entre les trois catégories de préposés et d'ouvriers des Manufactures de l'Etat.

A leur Congrès en 1905, les préposés avaient demandé à ce que, jusqu'au grade de contremaître principal, les taux d'avancement des préposés hommes soient désormais fixés à 200 francs par classe, c'était modéré et logique, puisque, à part les gens de service des autres administrations, c'est le minimum de différences par classes existant pour les divers employés, au moins dans le bas de l'échelle.

La même année, du reste, un arrêté du Ministre des finances, du 12 décembre 1905, fixait le montant des gages attribués aux préposés recrutés parmi les sous-officiers, et précisait bien pour eux, la même différence que nous avions demandée nous-mêmes quelques mois plus tôt, 200 francs par chaque classe de préposé, à partir de la 7e (titularisation).

Nous nous demandons donc encore aujourd'hui, comment il se fait qu'en présence d'une demande aussi logique et aussi modérée que la nôtre, on ait attribué aux surveillants des Manufactures une différence de 150 francs seulement par classe, dans le projet d'augmentation de 1906, alors que la même année encore, on accordait aux préposés techniques de nos Manufactures, 200 francs par classe d'augmentation, jusqu'au grade correspondant à celui de contremaître, 300 francs par classe depuis le grade de contremaître jusqu'à celui de chef mécanicien de 2e classe (avec deux classes de contremaîtres seulement), (alors qu'on en a laissé subsister trois pour nous) et 400 francs entre les différentes classes, depuis le chef mécanicien de 2e classe, jusqu'au grade de sous-ingénieur que l'on créait avec 500 francs d'augmentation au lieu de 400 francs pour les chefs mécaniciens.

Ces préposés étant recrutés comme nous, parmi l'élément civil, il eut semblé logique de laisser pour nous les mêmes différences d'appointements que celles qu'on créait pour les préposés techniques.

Aucun de nous ne s'est encore expliqué la raison pour laquelle il n'y a eu aucune analogie entre les préposés techniques et de la fabrication, recrutés au titre civil, et l'ensemble des préposés serait heureux de voir enfin rétablir l'équilibre logique entre les deux échelles, d'autant plus que nos demandes sur ce point sont loin d'être exagérées, étant basées sur les augmentations accordées au personnel secondaire de nos Etablissements.

⁂

Si nous consultons ce qui a été fait dans l'administration des postes et télégraphes depuis 1908 seulement (c'est-à-dire en ne remontant qu'à une époque postérieure à celle où l'avancement triennal était déjà accordé aux agents de cette administration) et pour cela, nous n'avons qu'à ouvrir le rapport de M. Ch. Dumont sur le budget de cette administration pour 1910, nous y voyons que dans l'espace des onze dernières années, l'augmentation moyenne par unité accordée au personnel des postes et télégraphes a été de 310 francs pour les agents, parmi lesquels figurent les expéditionnaires, recrutés dans les mêmes conditions que les préposés des Manufactures, 189 francs pour les sous-agents recrutés, qui concernent la classe la plus nombreuse, les facteurs, dans le dernier tableau (tableau F), de la 4e catégorie, et 441 francs pour les ouvriers, toujours par unité.

Enfin, dit le rapporteur, quand les crédits nécessaires seront complètement engagés, l'augmentation moyenne par unité depuis 1898, sera la suivante : 405 francs pour les agents; 227 francs pour les sous-agents; 471 francs pour les ouvriers.

Pourquoi n'avoir pas admis, comme nous ne cessons de le demander, qu'après trois ans et demi passés dans une classe, les surveillants voient, comme les contremaîtres, leurs appointements s'augmenter de 200 francs au lieu de 150 francs qui leurs sont accordés?

« Est-ce que l'ouvrier ne gagne pas son plein salaire dès qu'il est en pleine possession de son métier? », dit le rapporteur du budget des postes et télégraphes (alors pourquoi faire attendre dix ou quinze ans un traitement normal aux jeunes fonctionnaires?)

Si maintenant nous passons à l'enseignement, nous constatons que les augmentations de traitements proposés par la commission extra-parlementaire pour l'ensemble du personnel, propositions dont une partie a déjà trouvé place au budget de 1910, ces augmentations sont si importantes qu'elles s'élèvent de 900 francs à 2.300 francs par unité, suivant la classe, pour les professeurs de dessin, et jusqu'à 100 francs par unité, suivant la classe, pour les simples répétiteurs de deuxième ordre des lycées de garçons, au même chiffre plus 300 francs de non versement de logement pour les commis aux écritures de deuxième ordre et les simples délégués aux écritures, à 1.200 francs d'augmentation pour les professeurs d'écoles normales, etc., etc... Il en est de même pour le personnel féminin, les augmentations proposées sont si importantes que pour l'enseignement secondaire, l'heure supplémentaire de tous ces fonctionnaires, qui font de courtes séances, et qui jouissent de cinq mois de vacances par an, sera désormais de 100 francs à Paris et de 260 francs en province.

Pour les simples secrétaires d'inspection académique, on demande une augmentation de traitement de 500 francs par unité pour chaque classe.

Le petit personnel y participe aussi, puisque le traitement moyen des garçons de bibliothèque est élevé de 400 francs par unité, celui des gardiens de bureau et gardiens de salles augmente de 250 francs, etc., etc...

Les préposés des Manufactures, seuls, paraissent donc délaissés, ils ont cependant des règles d'augmentations bien établies, mais il leur faut aller jusqu'au personnel domestique du Sénat ou des bibliothèques, pour trouver des appointements à peu près égaux à ceux que 92 % d'entre eux ne dépasseront jamais, puisque 8 % à peine sont susceptibles d'atteindre le grade de chef de section.

Si nous prenons en effet le personnel des huissiers, des brigadiers, des préposés divers du Sénat, nous voyons qu'ils avancent de 200 francs tous les deux ou trois ans, que leurs appointements varient entre 2.000 et 3.000 francs, ceux du chef de service des huissiers vont même de 3.600 à 4.200 francs, mais que de plus, et ce qui n'existe pas pour les préposés, tous ces gens-là reçoivent des indemnités de logement allant de 300 à 600 francs par an, et des indemnités de chauffage, d'éclairage, allant de 65 à 100 francs par an, en même temps que les soins des médecins du Sénat, et les médicaments gratuits pour eux, leurs femmes et leurs enfants. Les femmes des concierges touchent en outre une indemnité de 200 francs par an.

Un brigadier du ministère des colonies touche comme traitement de début 2.100 francs par an, et les gardiens principaux de la Bibliothèque nationale 2.500 francs, de plus, ils sont habillés et logés. Dans certains ministères même, les gens de service qui sont logés touchent, malgré cela, une indemnité de logement. (Proposition de loi concernant les employés subalternes des administrations de l'Etat, présentée à la Chambre des députés, par M. Dejeante, à la séance du 11 juillet 1905).

Les gardiens de la Bibliothèque ne sont pas logés, mais ils touchent, en plus de leurs appointements, une indemnité de logement, et jusqu'à 700 francs d'indemnités extraordinaires, sans tenir compte des gratifications particulières, de la main à la main, que l'Administraiion ne peut pas évaluer.

Un simple gardien de 2e classe touche 1.800 francs d'appointements, plus 775 francs d'indemnités diverses, soit 2.575 francs par an, plus des gratifications, alors que le préposé des Manufactures de la Seine ne reçoit que 1.900 francs.

Les concierges de la Bibliothèque nationale touchent 1.600 francs d'appointements, 300 francs d'indemnité de logement, 100 francs d'éclairage et chauffage, 84 francs d'habillement, 330 francs d'indemnités extraordinaires, soit 814 francs d'avantages et accessoires, et 2.414 francs comme total général d'appointements. La femme de l'un d'eux touche en outre 200 francs par an.

Or, tous ces gens-là, sont recrutés dans des catégories inférieures à la nôtre, ce sont, en un mot, des gens de service qui ne sont certainement pas trop payés, mais qui ne sont pas tenus de posséder les connaissances qui nous sont indispensables.

Pourquoi, après avoir maintes fois reconnu l'importance de notre rôle, l'Administration nous laisse-t-elle dans un tel état d'infériorité, et ne nous donne-t-elle les avantages convenus et cités par elle en 1875?

Nous sommes, de tout le personnel secondaire des Manufactures, ceux qui avons été le moins augmentés depuis 1882.

Cependant, les dépenses du monopole des tabacs, prises pour l'ensemble du personeel, ne sont pas trop élevées, si nous nous en rapportons aux discours prononcés à la Chambre des députés, lors de la discussion générale du budget de 1910, par MM. Leroy-Beaulieu et Groussier.

Le monopole des tabacs en France produit net 389 millions, et on se promet 451 millions de produit net annuel, au lieu de 389 pour l'année 1910, avec le relèvement du prix de vente établi.

D'un autre côté, si nous prenons la proportion des dépenses par rapport aux recettes, pour les allumettes, dit M. Groussier (séance du 15 novembre 1909), il y a une certaine progression entre les dépenses de personnel et les recettes; le rapport est de 7.48 en 1890, et il monte à 10.32 en 1910. Mais si on recherche la proportion par rapport à la matière ouvrée, on obtient 6.85 en 1890, et on monte à 11.41 en 1900, mais on redescend à 10.21 en 1910.

Pour les tabacs, si on compare les dépenses de personnel avec les recettes, on trouve 4.91 % en 1880, 5.1 en 1890, on monte à 5.33 en 1900, mais on redescend, d'après le projet de budget de 1910, à 4.51.

Si on compare les dépenses du personnel à la matière ouvrée, on trouve une proportion à peu près semblable de 42 % en 1880, on monte à 49 % en 1890, pour redescendre à 40 % en 1900 et à 41 % en 1910.

En revanche, dit l'orateur, le total des dépenses des administrations centrales passe, de 1880 à 1910, de 24 millions à 33 millions, soit une augmentation de 35 %.

Or, dans le personnel des administrations centrales, il est une catégorie à laquelle nous devrions au moins être assimilés, c'est celle des expéditionnaires de la Caisse des dépôts et consignations qui, dépendant du même ministère que nous, sont maintenant recrutés avec le même programme.

Si la loi du 21 mars 1905 a réservé la totalité des emplois de préposés des Manufactures et des Magasins aux anciens sous-officiers, comptant au moins dix ans de services, dont quatre comme sous-officiers, et si elle a classé ces emplois dans la 1re partie de la 3e catégorie (tableau E), catégorie reconnue même depuis insuffisante, étant donné les connaissances indispensables à un préposé, elle a classé dans la même catégorie, en leur réservant aussi la totalité des emplois, les commis expéditionnaires du ministère du commerce et de l'industrie.

Les expéditionnaires de l'administration centrale du ministère des finances et ceux de la Caisse des dépôts et consignations, sont aussi classés dans cette catégorie, ils y sont classés, pour les 4/5e, dans les mêmes conditions et avec le même programme d'examen que les préposés des Manufactures et des Magasins, et leurs traitements évoluent entre 1.800 et 4.000 fr. Ils viennent de voir leur sort amélioré à nouveau, les premiers, par un décret du 15 février 1910, les seconds par un décret du 9 mars 1910.

Les expéditionnaires de ces deux administrations « peuvent même être détachés dans un autre ministère ou dans toutes autres administrations de l'Etat pour occuper, s'ils comptent cinq années de services, des emplois à la nomination du Ministre des finances, dans les établissements placés dans ses attributions, ou pour remplir des fonctions publiques, soit près des départements ou des communes, soit dans les colonies et pays de protectorat ».

De bonnes perceptions, emplois auxquels, à peu près seuls peut-être, parmi tous les fonctionnaires de l'État, les préposés des Manufactures et des Magasins ne peuvent prétendre, leur sont souvent attribuées. Mais, même au cas où leur instruction serait des plus limitée, et ne leur permettrait pas de subir avec succès le concours pour l'emploi de rédacteur, qui donne accès aux emplois supérieurs de l'administration centrale du ministère, comme ils peuvent avancer après une année d'ancienneté de classe, il se peut donc qu'après neuf ans seulement de services, ces expéditionnaires, qui n'auront pas pu s'élever à un autre grade, ni obtenir un autre emploi, aient le traitement maximum afférent à leur catégorie, c'est-à-dire 4.500 fr. par an, puisque leur classification ne comprend que neuf classes ainsi rétribuées dans les deux services :

Expéditionnaire spécial		4.500
—	principal de 1re classe	4.000
—	— de 2e classe	3.600
—	— de 3e classe	3.300
—	de 1re classe	3.000
—	de 2e classe	2.800
—	de 3e classe	2.600
—	de 4e classe	2.400
—	de 5e classe	2.200

Il est vrai que, comme nous l'avons dit plus haut, les expéditionnaires de l'administration centrale du ministère des finances, et ceux de la Caisse des dépôts et consignations, comprennent toujours 1/5 du recrutement parmi l'élément civil, mais d'abord cette objection n'a pas grande valeur, et de plus, si on préfère comparer nos situations avec celles des agents recrutés exclusivement dans les mêmes conditions, avec le même programme d'examen, nous pourrons prendre comme bases de nos demandes les appointements des commis expéditionnaires du ministère du commerce et de l'industrie, recrutés exclusivement dans la 3e catégorie, qui ne restent expéditionnaires, que s'ils n'ont pas pu subir avec succès le concours pour le grade de rédacteur, donnant accès aux emplois supérieurs.

Ces appointements sont les suivants :

Comm. Expédit.	principaux de 1re cl. comptant 20 ans de services	4.500
—	— — — 12 ans —	4.000
—	— de 2e classe	3.600
—	de 1re classe	3.200
—	de 2e classe	2.800
—	de 3e classe	2.400
—	de 4e classe	2.000

Mais on remarquera que dans ce cas, au lieu de 10 classes de préposés comme cela existe actuellement dans les Manufactures et Magasins, avec augmentation de 150 francs seulement pour chaque classe de surveillants, et de 200 francs seulement pour chaque classe de contremaîtres, les expéditionnaires du ministère du commerce et de l'industrie avancent par 400 fr. dans chaque classe, et de 500 francs dans la dernière, qu'en réalité, ils n'ont que six échelons à parcourir pour devenir commis expéditionnaires principaux de 1re classe, qu'il leur suffit de deux ans d'exercice dans chaque classe pour obtenir un avancement au choix, et de plus, cet avancement a lieu de droit, dans le délai maximum de deux ans pour le passage de la dernière à l'avant-dernière classe des commis expéditionnaires, à moins que l'employé n'ait été l'objet d'une peine disciplinaire (décret du 30 janvier 1909).

***

Voilà donc des employés recrutés avec un programme qui semble être reconnu insuffisant aujourd'hui pour remplir convenablement l'emploi de préposé des Manufactures et Magasins, qui n'ont pas eu de connaissances suffisantes pour s'élever à une condition meilleure qui leur est cependant offerte dans leur administration, qui avancent par 400 francs alors que les surveillants n'avancent que par 150 francs, qui auront 2.400 francs d'appointements par an, alors que les préposés résidant dans la même ville seront encore au moins pendant, dix-huit mois, à 1.900 francs, et qui pourront atteindre le traitement maximum de 4.500 francs après vingt ans de services, alors que 95 % d'entre nous ne dépasseront pas, à Paris même, 3.300 fr. par an, et encore, en fin de carrière...

Il y a là une inégalité choquante qui lèse considérablement les préposés et dont nous demandons la réparation.

L'assimilation de traitement s'impose d'elle-même, et il y a lieu de faire disparaître toutes les inégalités d'avancement et de traitement dont nous sommes les victimes.

Nous sommes recrutés dans des conditions équivalentes, et on ne peut pas soutenir logiquement, que les emplois de préposés exigent moins de tact, moins de présence, moins de travail, et causent moins d'ennuis aux intéressés, que les emplois d'expéditionnaires de l'administration centrale du ministère des finances, ou de la Caisse des dépôts et consignations, ou du ministère du commerce et de l'industrie; nous faisons donc ressortir nos attributions dans la première partie de ce mémoire, et répétons que : « Les difficultés de la tâche quotidienne des préposés deviennent chaque jour plus grandes, parce qu'ils doivent redoubler de tact, de prudence, pour maintenir la discipline dans les ateliers et les saines traditions du travail. (Rapport Boudenoot au Sénat, sur le budget des finances 1907).

» Immédiatement en contact avec les ouvriers, astreints aux mêmes heures de présence que ceux-ci, les préposés forment un des rouages essentiels du mécanisme des Manufactures, et leur valeur a la plus grande influence sur la bonne marche des Etablissements.

» Ils assurent le maintien de l'ordre dans les ateliers, empêchent le gaspillage des matières premières et dirigent les détails de la fabrication. (Rapport Hamille au nom de la commission d'enquête parlementaire sur l'exploitation du monopole des tabacs en 1875).

» Ils vivent dans un milieu essentiellement insalubre. (Rapport Massé sur le budget des finances pour 1910). Et n'avait-il pas entendu parler des préposés, autant que des ouvriers, le ministre des finances, quand il disait à la tribune de la Chambre des députés, le 28 février 1905, en parlant des ouvriers des Manufactures de l'Etat :

» Ce sont des travailleurs de l'Etat. Ils contribuent à fabriquer des produits qui apportent dans les caisses du Trésor des centaines de millions. Je ne vais pas jusqu'à dire qu'une portion de cette richesse leur revient, car ce n'est pas un bénéfice industriel, c'est une des formes de l'impôt, mais il est juste que de tels ouvriers soient largement rétribués, plus rétribués même que les autres entreprises de l'Etat dont le travail ne correspondrait pas à des bénéfices aussi considérables ».

Aussi présentons-nous les échelles d'appointements suivantes qui rétabliront relativement l'équilibre en faveur des préposés :

1° Manufactures de la Seine

APPOINTEMENTS DES PRÉPOSÉS

	Appointements actuels	RETENUE 1 %	APPOINTEMENTS NETS	APPOINTEMENTS PROPOSÉS
HOMMES				
Surveillant stagiaire	1.800	18 »	1.782 »	1.900
— de 3e classe	1.900	19 »	1.881 »	1.900
— de 2e classe	2.050	20 50	2.029 50	2.100
— de 1re classe	2.200	22 »	2.178 »	2.300
Contremaître de 3e classe	2.350	23 50	2 326 50	2.600
— de 2e classe	2.550	25 50	2.524 50	2.900
— de 1re classe	2.750	27 50	2.722 50	3.050
— principal de 2e classe	3.000	30 »	2.970 »	3 300
— — de 1re classe	3.250	32 50	3.217 50	3.550
Chef de section de 2e classe	3.000	30 »	2.970 »	3 300
— de 1re classe	3.300	33 »	3.267 »	3.550
— principal de 2e classe	3 700	37 »	3.663 »	4.000
— — de 1re classe	4 200	42 »	4.158 »	4.500
FEMMES				
Surveillante de 3e classe	1.500	15 »	1.485 »	1.600
— de 2e classe	1.600	16 »	1.584 »	1.725
— de 1re classe	1.700	17 »	1.683 »	1 850
Contremaîtresse de 3e classe	1 800	18 »	1.782 »	2.000
— de 2e classe	1.925	19 25	1.905 75	2.150
— de 1re classe	2 050	20 50	2.029 50	2.300
— principale de 2e classe	2.200	22 »	2.178 »	2.500
— — de 1re classe	2.350	23 50	2.326 50	2.700
GARÇONS DE BUREAU				
Stagiaire de 4e classe	1.725	17 25	1.707 75	1.800
— de 3e classe	1.850	18 50	1.831 50	1 950
— de 2e classe	1.975	19 75	1.955 25	2.100
— de 1re classe	2.100	21 »	2.079 »	2 300
Hors classe	2.225	22 25	2.202 75	2 500
CONCIERGES				
Stagiaire de 4e classe	1.525	15 25	1 509 75	1.600
— de 3e classe	1.650	16 50	1.633 50	1.750
— de 2e classe	1.775	17 75	1.757 25	1.900
— de 1re classe	1.900	19 »	1.881 »	2.100
Hors classe	2.025	20 25	2.004 75	2.300

2° Manufactures de province

200 francs de moins que dans les Manufactures de la Seine pour les Etablissements classés en première catégorie, et 300 francs de moins que dans les Manufactures de la Seine, pour les Etablissements classés en 2e catégorie.

3° *Magasins de culture*

Depuis longtemps, les préposés des Magasins de culture demandent les mêmes appointements que leurs collègues des Manufactures de dernière catégorie. Il nous semble, étant données les raisons qu'ils invoquent à l'appui de leur demande, qu'une très sérieuse amélioration de leur condition actuelle s'impose aujourd'hui.

***

Nous avons prouvé, par les statistiques de l'Administration des tabacs, que nous sommes lésés dans nos intérêts, nous devons dire maintenant que toute administration publique ou privée, doit obéir, pour être bien gérée, à une règle immuable : proportionner la situation pécuniaire des agents à la situation morale qu'ils occupent.

La considération sociale se mesure aux salaires et au bien-être qui en découle. La logique veut qu'un contremaitre ait un salaire supérieur à celui des ouvriers ; ce point est indiscutable.

Nous formulons nos demandes avec le désir de prouver que nous sommes des agents respectueux du devoir et conscients des charges qui incombent à l'Etat. En retour, l'Etat ne peut se refuser à nous accorder une juste rémunération des services que nous lui rendons.

Préposés des Magasins de culture

Nous croyons devoir mentionner ici quelles sont les attributions générales des préposés des Magasins de culture ; l'Administration, en reconnaissant que la tâche de ces agents suffit largement à leur emploi, mettra un terme à la légende qui ne tend rien moins qu'à faire croire que dans les Magasins de culture, le travail n'est pas continu, et que les préposés, pendant les longs mois d'hiver, n'ont rien ou presque rien à faire.

Dans ces Magasins, le personnel se compose de :

1° Un chef d'ateliers;

2° Deux contremaîtres ou surveillants, suivant l'importance du Magasin.

Leurs fonctions consistent :

Le chef d'ateliers est chargé de la surveillance générale des ateliers, il assure la stricte exécution des ordres de service pris par l'inspecteur-entreposeur, ainsi que l'ensemble des divers travaux effectués dans le Magasin, sous le contrôle des employés supérieurs.

Il tient la comptabilité générale des ateliers, et assure l'ordre et la discipline dans l'Etablissement.

Tous les matins, arrivé le premier au Magasin, il contrôle l'entrée des ouvriers et fait procéder aux différentes manutentions des matières d'après les ordres reçus.

C'est à lui qu'incombe le soin de répartir le personnel dans les différents Ateliers, il tient les feuilles décadaires et paie les ouvriers.

Il a charge des fournitures et des ustensiles au point de vue de leur entretien. La comptabilité lui est aussi confiée. Il doit veiller à l'emploi judicieux des fournitures dans l'exécution des différents travaux. Il doit assurer le parfait fonctionnement des appareils mécaniques et est chargé des menues réparations des bâtiments. Dans ce cas, il prépare l'avant métré des devis, tient les carnets d'attachements, le sommier, etc., en un mot, toute la comptabilité relative à l'exécution et au règlement des travaux.

Pendant la période de séjour des tabacs en masse, il procède, secondé par les contremaîtres, à de nombreux sondages thermométriques et s'assure du parfait état de conservation des tabacs.

Au cours des mois de fermeture des ateliers, les surveillants ou contremaîtres tiennent, sous sa direction, la comptabilité générale du Magasin; il s'occupe également de la fabrication des jus nicotineux, installée récemment dans certains Etablissements.

Telles sont, rapportées très sommafrement, les fonctions du chef d'ateliers.

Le rôle des contremaîtres ou surveillants n'est pas moins important, quoique d'espèce différente :

Ils assistent aux appels journaliers, ils sont chargés de la surveillance de trois ou quatre ateliers situés à des étages différents, ils veillent à la régularité des pesées partielles des tabacs et en tiennent la comptabilité journalière. Leur présence constante auprès des ouvriers est absolument nécessaire, de sorte que les écritures courantes ne peuvent être mises à jour que le soir après la sortie du personnel, dans certains Magasins, ils terminent ces écritures chez eux, dans la soirée.

Ils concourent, avec les chefs d'ateliers, à la surveillance des tabacs en masse, ils procèdent à la vérification des emballages, etc.

Pendant la période de fermeture des Magasins, et c'est là où réside la légende dont nous parlons plus loin, aussi nous permettons-nous d'attirer d'une façon toute spéciale l'attention de l'Administration sur ce point, ils sont constamment occupés aux travaux de la comptabilité de l'Etablissement; ils établissent la minute et l'expédition du compte raisonné, il dressent les états 61-A et 61-B, ils font différentes copies du budget du Magasin, ils enregistrent les délibérations mensuelles et spéciales, ils font le compte des matières et les états 38 qui sont le relevé des livraisons faites par les planteurs, et dans certains Magasins, ces relevés comportent 6.000 articles.

Ils mettent à jour les registres des procès-verbaux, le registre des conférences journalières, des lettres communes; dans certains Etablissements, ils sont chargés des essais à l'étuve Gay-Lussac.

Ils tiennent la comptabilité de la Caisse des retraites et expédient tous les états périodiques ou spéciaux exigés par le service.

Nous arrêterons là nos citations en certifiant que l'exécution de ces travaux nécessite la présence journalière et effective des préposés dans l'Etablissement.

Ces agents, peinés des déclarations faites par l'Administration, sur leur inactivité pendant une partie de l'année, ont adressé, courant mars, une pétition motivée à M. le Directeur général, pour le prier de faire procéder à une enquête contradictoire sur l'emploi de leur temps et sur la somme de travail qu'ils ont à fournir.

Ils ont confiance dans la bienveillance et dans l'esprit de justice de M. Coutard, et dont il a fait preuve en maintes circonstances à l'égard des préposés. Cette enquête aura donc lieu, car elle est indispensable pour les réhabiliter auprès de l'Administration.

⁂

La situation pécuniaire des préposés des Magasins a été déterminée par décret en date du 14 janvier 1908.

Ils sont les seuls, parmi les préposés, auxquels les dispositions du dit décret soient préjudiciables.

Avant 1908, leurs appointements étaient, comme aujourd'hui, inférieurs à ceux de leurs camarades des Manufactures, mais l'Administration les dédommageait de cette infériorité en leur accordant un avancement un peu plus rapide; c'est ainsi que le plus grand nombre d'entre eux obtenait l'avancement tous les deux ans ou deux ans et demi, mais jamais après trois ans, à moins de fautes commises.

Par suite de la réorganisation des services de l'administration centrale, les préposés des Magasins de culture, dépendant anciennement du bureau du personnel de la culture et des Magasins, sont placés aujourd'hui comme leurs collègues des Manufactures, sous l'unique direction du personnel.

Ils ont vu, de ce fait, leur situation pécuniaire s'amoindrir, puisque les agents qui obtenaient l'avancement comme il est indiqué ci-dessus ne l'obtiennent plus qu'à trois ans et demi comme moyenne.

Pour compenser cette différence dans l'avancement, il eut été raisonnable d'augmenter leurs appointements et de les porter au même taux que ceux du personnel préposés des Manufactures de 3e catégorie (actuellement toutes élevées à la 2e).

Ces doléances ont été portées en 1909 à la connaissance de l'Administration, mais aucune suite n'y ayant été donnée, il est permis de penser que l'équivoque sur les fonctions des préposés des Magasins de culture subsiste toujours. Nous sommes persuadés que le résultat de l'enquête sollicitée d'autre part mettra heureusement fin à ce malentendu.

⁂

Les préposés des Magasins de culture sont assujettis, d'une manière générale, à un service tout aussi pénible et tout aussi important que les préposés des Manufactures. Comme eux, ils ont à surveiller étroitement les intérêts du Trésor.

De plus, les dispositions du décret du 14 janvier 1908 soumet les uns et les autres aux mêmes obligations et aux mêmes peines disciplinaires. Il leur est également interdit de se livrer à toute opération commerciale, et leurs femmes ne peuvent exploiter aucun commerce.

Le prix des denrées alimentaires, des loyers, sont sensiblement les mêmes dans leurs résidences que dans les villes où il existe une Manufacture de 2e classe. Il apparaît donc logique de leur attribuer les mêmes appointements qu'à leurs collègues.

Pour toutes ces raisons, et pour toutes celles qui ont été exposées dans différents rapports remis à l'Administration, les préposés des Magasins de culture de France et d'Algérie exposent ici leurs desiderata :

1° Qu'il leur soit accordé les mêmes appointements qu'aux préposés des Manufactures classées dans la dernière catégorie;

2° Que l'Administration, s'inspirant des termes de la lettre de M. le Ministre des finances, en date du 7 mars 1908 (Direction du personnel; contrôle du personnel des administrations financières n°   ), à M. Maujan, sous-secrétaire d'Etat, veuille bien, à l'avenir, dispenser de tout travail manuel les préposés des Magasins de culture et ce, non seulement dans le but de sauvegarder le prestige et l'autorité de ces agents, mais aussi et surtout dans le but d'éviter des conflits qui paraissent inévitables entre le personnel de surveillance et le personnel ouvrier;

3° Qu'il soit accordé aux préposés des Magasins d'Algérie, et notamment à ceux résidant dans les ports de mer, une indemnité de résidence de 300 francs;

4° Que l'indemnité coloniale aux préposés des Magasins d'Algérie soit élevée au quart de leurs appointements, ainsi qu'en bénéficient tous les agents des autres administrations exerçant dans la colonie. Que, de plus, cette indemnité ne soit soumise à aucune retenue pendant le séjour de l'agent en congé régulier;

5° Qu'il ne soit pas fait de différence de classe entre les préposés des Magasins et les commis de culture appelés à voyager sur les paquebots.

Vu la légitimité de ces réclamations, nous croyons fermement que M. le Directeur général voudra bien les prendre en considération, ce que faisant, il accomplira une œuvre de réparation et de justice.

Concierges et garçons de bureau

A plusieurs reprises, nous avons attiré l'attention de l'Administration sur la médiocrité des appointements des concierges et garçons de bureau des Manufactures et des Magasins.

Dès le début, les emplois analogues de la ville de Paris comportent un traitement que les agents sus-indiqués n'obtiennent qu'après huit années de services. Les simples manœuvres, les hommes de peine, les balayeurs, sont mieux rétribués que ces agents.

Il y a quelques années, lorsque nous signalions cette étrange situation, il nous fut objecté que ceux dont nous défendions si ardemment la cause étaient mieux traités que les concierges et huissiers de l'Administration centrale du Ministère des finances. Nous étions alors obligés de reconnaître la véracité de cette objection; mais aujourd'hui, le contraire se présente. On a fini par s'apercevoir qu'il était nécessaire de donner un meilleur traitement aux employés subalternes de tous les ministères, c'est ainsi qu'aux finances ils reçoivent maintenant : stagiaires, 1.500 fr.; 4e classe, 1.800 fr.; 3e classe, 2.000 fr.; 2e classe, 2.200 fr.; 1re classe, 2.400 fr.

Ces chiffres sont sensiblement supérieurs à ceux figurant au décret du 14 janvier 1908, ils pourraient servir de base à une nouvelle échelle des appointements des concierges et garçons de bureaux dans les Manufactures et Magasins. C'est d'ailleurs en nous inspirant de ces sommes que nous avons dressé le tableau qui figure à la page 49 du présent rapport.

Se ranger à l'avis que nous émettons serait accomplir une mesure de justice car, quelle que soit la nature des attributions de l'agent que l'Etat prend à son service, il doit lui donner un minimum de traitement suffisant pour lui assurer l'existence ainsi que celle de sa famille.

Les chiffres que nous énumérons plus haut n'atteignent que bien péniblement ce minimum, aussi sommes-nous persuadés d'obtenir satisfaction sur ce point, car nous plaidons en faveur d'une cause qui est absolument juste.

Avancement

Historique

Lorsque, en 1896, le premier Congrès du Syndicat des préposés se réunit à Paris, les congressistes furent surpris de l'infériorité notable de leur situation, par rapport à celle des agents de même catégorie appartenant aux autres administrations de l'Etat.

C'est qu'avant la formation du Syndicat, le préposé vivait dans un isolement nuisible à ses intérêts et à sa dignité professionnelle; sa situation morale et matérielle pouvait se résumer en cette phrase brutale mais juste : « Mal payé et mal considéré ».

Les camarades qui assistaient à ce premier Congrès peuvent se rappeler combien les discussions furent confuses sur beaucoup de points, et quel sérieux travail de sélection il fallut faire pour coordonner, le mieux possible, un plan d'ensemble des justes revendications qui leur étaient soumises.

Néanmoins, avec une spontanéité unanime, tous reconnurent l'absolu besoin de classer en première ligne la question de l'avancement.

Peu de temps après, le 4 novembre 1896, M. Favalelli, alors directeur général, décida que l'avancement serait fait sur l'ensemble des Manufactures et non plus par Etablissement.

L'on vit alors, chose monstrueuse, une fois le classement par ancienneté de service établi, des collègues qui avaient onze et douze ans d'ancienneté dans leur classe.

L'avancement triennal recevait ainsi, de par cette décision à laquelle personne n'avait songé, un recul de plusieurs années.

C'est, qu'en effet, il fallait d'abord liquider cet arriéré avant de songer un seul instant à poursuivre la réalisation de cette première réforme.

Pour l'activer, cette liquidation, le Syndicat sollicita des crédits.

Pendant trois années de suite, en 1897, 1898 et 1899, il tenta d'apitoyer la Chambre des députés sur la situation lamentable faite aux préposés des Manufactures et Magasins de l'Etat.

Combattu à la fois par le ministre et le rapporteur, le Syndicat fut battu à des majorités qui s'affaiblissaient d'année en année.

Ces échecs successifs ne le découragèrent pas; bien au contraire, fort de son bon droit, il revint à la charge en 1900, et grâce à une heureuse et énergique intervention de M. l'abbé Lemire, un premier succès fut obtenu.

Avec le crédit voté, et d'autres qui suivirent, car la trouée était faite, le fléchissement du temps d'ancienneté, dans chaque classe, s'accentua de plus en plus et, aujourd'hui, l'on peut dire qu'un équilibre presque parfait existe sur toute l'échelle, au point de vue du nombre des années de services de chacun.

La consultation de l'annuaire permet de l'affirmer.

Ce petit historique fait pour bien marquer les grosses difficultés du début, inhérentes, d'ailleurs, à tout groupement professionnel.

Quelle est, maintenant, la situation actuelle du préposé au point de vue de l'avancement proprement dit.

C'est ce que nous allons examiner.

Crédits votés

Jetons d'abord un coup d'œil sur le passé, sans remonter plus loin que 1896, et voyons ce qui a été fait pour l'avancement.

En 1900, la Chambre des députés vote un crédit de 40.000 francs destiné spécialement à accélérer l'avancement des préposés de la fabrication. Ce crédit fut réduit à 30.000 francs par le Sénat.

L'Administration crée aussitôt le principalat des contremaîtres et des contremaîtresses, ce qui lui permet de dégager les échelons inférieurs en procédant à de nombreuses nominations.

Mais il restait encore beaucoup à faire pour se rapprocher du vote de la Chambre des députés, qui avait décidé que l'avancement des préposés se ferait tous les trois ans, comme dans la plupart des autres administrations.

Beaucoup de nos collègues, en effet, au moment de ces nominations, ne virent leur tour arriver qu'après un stage de cinq ans et plus, faute de crédits, disait-on en haut lieu.

Sur ces entrefaites, le syndicat, se rendant à la demande de M. Jacquis, prit le titre d'Association générale. Ceci se passait en 1903.

L'Association actuelle prit de suite en mains la défense des intérêts corporatifs, en suivant avec ténacité et fidélité le chemin si bien tracé par les syndicalistes.

C'est ainsi que, poursuivant sans trêve la réalisation de l'avancement triennal, elle obtint de l'Administration, en 1905, l'inscription d'un nouveau crédit de 15.000 francs.

Puis elle eut la bonne fortune de rencontrer à la tête de l'Administration un homme de grand cœur, M. Privat-Deschanel, qui voulut bien reconnaître, qu'en effet, la situation des préposés, dont il appréciait hautement les services et le dévouement (entrevue du 26 mai 1906), était digne du plus grand intérêt, et il mit ses actes en conformité avec ses paroles, puisque, la même année, il obtint de M. Poincarré, ministre des finances, une somme de 131.700 francs à répartir comme suit :

Exercice 1907	28.760	»
Exercice 1908	51.450	»
Exercice 1909	51.500	»
Total	131.700	»

Sur ce crédit, une large part fut prélevée pour les préposés techniques et l'emploi de la somme affectée aux préposés de la fabrication ne répondit malheureusement pas aux vœux exprimés dans plusieurs Congrès antérieurs. Mais les critiques amères n'ont pas leur place ici, jetons bien vite un voile sur le passé et portons, au contraire, nos regards confiants vers un avenir meilleur.

Pour que cette question de l'avancement triennal prit enfin corps, l'Administration inscrivit au budget de 1907 un crédit de........ 44.800 »
avec promesse d'ajouter en 1911........ 33.600 »
en 1914........ 22.400 »
en 1918........ 11.200 »

Doit-on considérer, d'après cette échelle, que 1908 verra seulement éclore l'application de l'avancement triennal dans son intégralité ?

Si l'Administration pense ainsi, l'Association ne saurait admettre qu'il faille dix-huit ans pour mettre en vigueur l'amendement de M. l'abbé Lemire voté par la Chambre des députés en 1900.

De plus, l'inscription de ces crédits donnait à tous le droit d'espérer que la limite moyenne de l'avancement prévue à quarante-deux mois par le règlement du 14 janvier 1908, s'abaisserait graduellement jusqu'à trois ans pour les préposés n'ayant pas démérité. Cette espérance, tout au moins pour les contremaîtres, contremaîtresses, surveillants et surveillantes est loin de se réaliser, puisque, d'après la dernière statistique établie par l'Association, la moyenne de l'avancement en mois est la suivante :

Chefs de section	39,7
Contremaîtres et surveillants	43,4
Contremaîtresses et surveillantes	42,8

Comme on le voit, sauf pour les chefs de section où les nominations au grand choix représentent 40 %, la moyenne de l'avancement pour les autres catégories s'écarte plutôt du chiffre de trente-neuf mois que nous désirons atteindre dans un avenir prochain.

C'est encore cette tendance qu'il faudra réagir avec énergie, car si l'on laissait s'enliser, un peu plus chaque année, par une indifférence coupable, la volonté nettement exprimée par les élus de la nation, ce serait moralement reconnaître l'impuissance de nos efforts au respect des décisions acquises.

Mais nous sommes persuadés que l'Administration voudra bien reconnaître la légitimité de notre demande, et qu'elle fera pour tous, très rapidement, bonne et entière justice.

Règlement du 14 janvier 1908

Titre III. — Avancement

Art. 15. — Le quatrième alinéa de cet article comporte que les avancements de classe dans tous les grades ont lieu au choix et à l'ancienneté.

C'eut été parfait si le septième alinéa ne venait détruire cette heureuse décision en accordant une bonification d'ancienneté de six mois aux agents classés au choix, et d'un an à ceux classés au grand choix.

De deux classes d'avancement qu'on avait la joie de constater au commencement de l'article, il y en avait trois, comme par hasard, quelques lignes plus loin.

C'est d'ailleurs la caractéristique de tous les règlements administratifs. L'on pose d'abord le principe, puis, prestement, en un expert tour de phrase, il n'existe plus que... pour mémoire.

Les fonctions de préposé quoique toujours très délicates, exigent-elles si impérieusement le principe du grand choix ?

La réponse est naturellement négative.

Cependant, puisque le système des trois échelons d'avancement est de règle générale, il serait au moins de toute justice qu'on applique aux préposés les règles suivies sur ce point dans la puissante administration des postes.

Elles sont les suivantes :

Choix, trois ans; demi-choix, trois ans trois mois; ancienneté, trois ans six mois; moyenne, trente-neuf mois.

Et les augmentations sont de 300 francs, tandis que chez nous elles varient entre 150 et 250 francs. Ce dernier chiffre n'est même accordé qu'en fin de carrière, le taux moyen d'avancement pendant vingt ans et plus n'excède pas 175 francs.

Raison de plus pour que ces règles immuables d'avancement nous soient appliquées.

Quel argument sérieux pourrait-il, d'ailleurs, être opposé à une demande aussi logique ?

Les employés des postes ne sont-ils pas, de par leurs propres fonctions, ceux auxquels nous sommes en droit de faire une juste comparaison ?

Ils ont un public souvent exigeant à satisfaire, mais n'avons-nous pas un personnel difficile à diriger et à surveiller ?

De plus, les charges de la vie ne sont-elles pas les mêmes pour l'un comme pour l'autre ?

La situation faite légitimement aux employés des postes est un exemple qui devrait être suivi par notre Administration et ce, avec d'autant plus de vérité, que les préposés méritent à tous égards d'être traités d'une façon sensiblement égale au double point de vue de l'avancement et des augmentations.

Les concierges et garçons de bureau, modestes agents de confiance, n'obtiennent, eux, leur avancement qu'à cinq ans et demi en moyenne...

C'est beaucoup trop tard !

Un abaissement de temps est de toute nécessité.

Il n'y a certainement rien d'exagéré en demandant, pour ces utiles auxiliaires, l'avancement au choix à quatre ans, au demi-choix à quatre ans trois mois, et à l'ancienneté à quatre ans six mois.

C'est vers ce double but que l'Association devra porter les plus généreux de ses efforts.

Principalat de 1re classe

A la suite d'une entrevue qui eut lieu entre M. Coutard, directeur général et le Comité central, ce dernier fit connaître officieusement aux sections, que le principalat de 1re classe accordé jusqu'à ce jour aux chefs de section, serait étendu à tous les préposés indistinctement à partir de 1911.

Cette mesure, toute de justice et d'équité, fut accueillie par tous, avec reconnaissance.

Seulement, car il y en a un fatalement, on exigera du candidat cinq années d'ancienneté au moins.

Ce qui veut dire que ce délai [illegible] pas un minimum.

Ici, comme ailleurs, c'est toujours la même idée restrictive que l'on rencontre devant soi, lorsqu'il s'agit d'une réforme à accomplir.

Il eut été pourtant si naturel de conserver à cette réforme le nu de sa beauté simple, en l'appliquant sans aucune restriction, comme l'Administration l'a judicieusement établie pour les chefs de section.

Pourquoi vouloir créer deux poids et deux mesures, entre des mêmes agents ayant un égal mérite?

Si les ressources budgétaires ne permettent pas de donner l'avancement aux 35 contremaîtres principaux de 2e classe ayant actuellement quatre ans d'ancienneté et plus, que l'Administration fasse une répartition sur deux exercices, mais qu'elle ne touche pas au **principe fondamental de l'avancement qui doit rester intangible et égal pour tous, de la base au sommet, selon les catégories.**

Nous nous appliquons à sauvegarder ces principes par tous les moyens que la loi nous permet d'employer.

Le décret du 14 janvier 1908 ne doit subir de modifications que dans un sens toujours plus avantageux aux intérêts corporatifs de notre groupement.

De plus, la lettre commune du 15 mai 1900 fixant les conditions d'accès au grade de contremaître principal, devrait être interprétée dans l'esprit le plus large.

L'Administration se montre, au contraire, réellement trop parcimonieuse dans ces nominations.

Si nous voulons que les deux classes de principalat soient atteintes par le plus grand nombre d'entre nous, comme juste récompense d'une carrière dignement remplie, il est de toute nécessité qu'il n'y ait aucun tassement dans les échelons inférieurs, et ce tassement sera évité en obtenant de l'Administration, l'application du principe accordé aux employés commissionnés, c'est-à-dire le droit d'arriver, même à l'ancienneté, à la première classe du grade auquel l'agent a été nommé.

Une réforme, pour qu'elle en soit une, ne doit pas figurer seulement sur le papier, il faut que, dans la pratique, son application soit une réalité vivante et palpable.

Ce sont toutes ces considérations que nous devrons faire valoir aux yeux de notre directeur général, M. Coulard.

Son jugement sûr et bienveillant est pour nous la plus belle assurance d'être écouté et compris par lui.

Suppression d'une classe intermédiaire dans la hiérarchie des grades

Les Congrès de 1908 et 1909 ont adopté et maintenu une proposition ayant comme objectif un avancement plus rapide par la suppression de la 3e classe de contremaître et contremaîtresse, tout en donnant à chaque échelon des taux d'avancement plus rationnels, sans toucher aux appointements de début.

L'auteur de cette proposition s'est certainement inspiré, en la circonstance, des belles paroles prononcées à la tribune de la Chambre par un de nos députés les plus humanitaires, et nous l'en félicitons.

En voici quelques-unes :

Lorsqu'un employé a fait ses preuves, lorsqu'il a, pendant plusieurs années, mérité la confiance de ses chefs, il faut lui donner un avancement qui en vaille la peine, et porter son traitement à un chiffre moyen qui lui permette de contracter mariage, de constituer une famille, sans être du jour au lendemain, un paria de l'Administration et de la Société.

Ce simple extrait est suffisamment démonstratif pour nous éviter d'y ajouter le moindre commentaire, qui ne pourrait qu'en affaiblir la portée.

Il est à remarquer, néanmoins, que cette proposition rétablit, en faveur des préposés de la fabrication, un système égalitaire d'avancement avec les préposés techniques, ce qui est fort juste.

Cette proposition répond d'ailleurs à un désir unanimement exprimé par l'Association des préposés.

Communication des Notes signalétiques

Cette intéressante question si diversement appréciée, et par plusieurs collègues et par l'Administration, fut de tout temps l'objet de polémiques courtoises qui portaient notamment sur les points de détail d'une extrême délicatesse.

La circulaire de M. Barthou, comme ministre des travaux publics, en date du 9 juin 1906, engage les agents et sous-agents à ne pas hésiter à demander communication de leurs notes signalétiques, sans crainte de mécontenter leurs chefs, mais elle ne précise nullement l'époque exacte où le fonctionnaire peut obtenir cette communication.

Elle laisse subsister l'article 65 de la loi de finances du 22 avril 1905 dont la teneur est inscrite en tête de la dite circulaire et qu'aucune disposition n'abroge.

Cet article spécifie :

« Que tous les fonctionnaires, employés et ouvriers de toutes administrations publiques ont droit à la communication personnelle de toutes les notes, feuilles signalétiques, composant leur dossier, soit avant d'être l'objet d'une mesure disciplinaire ou d'un déplacement d'office, soit avant d'être retardés dans leur avancement à l'ancienneté ».

Cette rédaction administrative, toujours équivoque, nous ne nous lasserons jamais de le répéter, permet des interprétations diverses où chacun veut avoir raison, et qu'aucune autorité, si sincère soit-elle, ne peut nettement trancher.

En effet, toute la discussion porte sur ce point :

A quel moment précis l'agent est-il en droit de connaître ses notes signalétiques ?

Eh bien, le Congrès de 1909, sans vouloir porter atteinte aux prérogatives des employés supérieurs, mais dans le simple but de permettre à l'agent ayant commis quelques fautes de négligence dans son service, de se corriger, de s'amender, de profiter, en un mot, des justes remarques de ses chefs, a adopté, à l'unanimité, un ordre du jour solutionnant cette troublante question.

Il est le suivant :

« Considérant qu'un chef hiérarchique ne peut avoir aucun intérêt à laisser ignorer aux préposés placés sous ses ordres les notes et les renseignements qu'il transmet sur leur compte à l'Administration; que d'ailleurs, le seul moyen de juger avec impartialité, est d'entendre contradictoirement les parties,

Émet le vœu :

« Qu'à l'avenir, les notes signalétiques soient communiquées annuellement à tous les agents qui émargeront en regard des observations présentées par les chefs de service ».

En adoptant cet ordre du jour, les congressistes n'ont nullement voulu se départir de l'esprit de sagesse et de modération qui les a toujours guidés dans la présentation de leurs revendications.

Ils estiment, au contraire, que la recevabilité de cette demande aurait pour conséquence de fortifier une confiance réciproque et ferait en même temps pénétrer dans l'esprit du préposé une conception toujours plus grande de ses devoirs, par une collaboration incessante d'activité et de dévouement,

CONCLUSIONS

Les conclusions de ce travail, dont le développement nécessaire a dépassé notre volonté, peuvent se résumer ainsi :

1° Inscription de crédits suffisants au chapitre 99 du budget général, pour amener la limite moyenne de l'avancement des préposés de la fabrication à trente-neuf mois;

2° Révision dans ce sens de l'article 15 du règlement du 14 janvier 1908, c'est-à-dire avancement au choix à trois ans; au demi-choix à trois ans trois mois; à l'ancienneté à trois ans six mois, et accorder le principe que tout agent nommé à un grade quelconque puisse parvenir à l'ancienneté à la première classe de ce grade;

3° Maintien au dit article, d'une unique règle d'avancement, depuis le surveillant de 3e classe jusqu'au contremaitre principal de 1re classe inclus;

4° Mise en pratique de la proposition qui consiste à supprimer une classe intermédiaire dans la hiérarchie des grades, dans un délai aussi court que possible;

5° Communication des notes signalétiques conformément au vœu adopté par le Congrès de 1909.

Révision du classement des Manufactures

Historique de la question

C'est seulement depuis deux ans que la révision du classement des Manufactures a revêtu l'allure d'une revendication collective.

Jusqu'en 1908, et même ultérieurement à cette époque, les Etablissements, soit isolément, soit groupés à quelques-uns, ont fait toutes démarches leur paraissant utiles, pour obtenir, soit directement de l'Administration, soit par l'intervention et la discussion parlementaires, le classement qu'ils considéraient comme seul juste et équitable pour eux.

Ces actions isolées et partielles ont eu des résultats.

En effet, en 1896, les Manufactures de tabacs se classaient de la façon suivante :

Hors classe : les Manufactures de la Seine.

1re classe : Lille, Le Havre. Lyon, Marseille, Nice.

2e classe : Bordeaux, Dieppe, Limoges, Nancy, Orléans, Toulouse.

3e classe : Dijon, Le Mans, Nantes.

4e classe : Châteauroux, Morlaix, Riom, Tonneins.

Or, de 1898 à 1901, la 4e classe est supprimée, les Manufactures qui s'y trouvaient classées passant en 3e catégorie; puis les Manufactures de Bordeaux et de Dieppe s'élèvent de la 2e à la 1re; celles de Dijon, Le Mans et Nantes accèdent à la 2e. Peu après, en 1905, quatre autres Manufactures bénéficient d'un relèvement : celles de Limoges, Nancy, Orléans, Toulouse, qui à leur tour, passent de la 2e à la 1re classe.

Il est permis de dire que les Manufactures de la Seine, tout en demeurant dans leur catégorie hors classe, ont, elles aussi, obtenu l'avantage d'un relèvement, puisque la nouvelle échelle d'appointements dont la péréquation fut acquise en 1909 établissait une différence de 200 francs entre la hors classe et la 1re catégorie, alors qu'antérieurement, cette différence n'était que de 100 francs.

Ainsi, en 1909, les Manufactures de tabacs se trouvaient dans la nouvelle classification que voici :

Hors classe : les Manufactures de la Seine,

1re classe : Lille, Le Havre, Lyon, Marseille, Nice, Bordeaux, Dieppe, Limoges, Nancy, Orléans, Toulouse.

2e classe : Dijon, Le Mans, Nantes.

3e classe : Châteauroux, Morlaix, Riom, Tonneins.

De la comparaison de cette classification, avec la précédente, de plus, en tenant compte de l'observation que nous avons présentée, concernant les Manufactures de la Seine, il apparait que 16 Etablissements ont été relevés de 1898 à 1909, et que cinq seulement sont demeurés dans leur classement primitif, ceux de Lille, Le Havre, Lyon, Marseille et Nice qui formaient, en 1898, la première catégorie.

Les préposés de ces cinq Etablissements ont, au moment de la discussion du budget de 1910, engagé une action parlementaire en vue d'obtenir pour eux, le relèvement dont avaient bénéficié leurs collègues des 16 autres Établissements. Leur tentative ne fut pas couronnée de succès.

Nous n'avons pas à argumenter sur la valeur et l'opportunité de cette action, le caractère général de cette étude ne nous le permettant pas. Nous nous bornerons à déclarer que pour justifier leur demande, ces agents se basaient sur les raisons que nous exposerons plus loin, à l'appui de la réforme d'ensemble que nous envisageons.

Nous terminerons ce bref historique en rappelant qu'au budget de 1910 ont été incorporés les crédits nécessaires au surclassement des Manufactures de la 3e catégorie. Notons que ces quatre Manufactures formaient déjà, avant 1898, l'ancienne 4e catégorie disparue depuis.

Au lieu des cinq classes existant en 1896, nous n'avons plus, à l'heure actuelle, que trois catégories se composant de la façon suivante :

Hors classe : les Manufactures de la Seine.

1re classe : Lille, Le Havre, Lyon, Marseille, Nice, Bordeaux, Dieppe, Limoges, Nancy, Orléans, Toulouse.

2e classe : Dijon, Le Mans, Nantes, Châteauroux, Morlaix, Riom, Tonneins.

Motifs de la demande : Le renchérissement de la vie et ses causes

On peut s'étonner qu'après les résultats que nous donne l'historique ci-dessus, les préposés continuent à demander qu'une révision du classement soit opérée.

La raison en est que les relèvements effectués de 1898 à 1905 n'ont apporté qu'une compensation insuffisante au renchérissement de la vie, dans la période des dix années antérieures à 1896. En réalité, ces améliorations auraient dû logiquement être résolues plus tôt.

Ce retard, joint à la continuité et à la progression croissante du coût de la vie, pourrait faire croire à une demande à jet continu de la révision du classement des Manufactures.

Cette apparence n'est pas pour nous arrêter, car si l'augmentation du coût de la vie fut assez sensible dans la période sus-indiquée, il est bien évident que cette progression n'a fait que croître, et que pour les humbles et les déshérités, le problème de la vie prend une tournure d'acuité de plus en plus grande. Il est bien évident aussi que l'évolution économique s'accentue chaque jour considérablement, apportant dans différents milieux, des transformations profondes, et que les conditions de la vie se modifient du tout au tout, sous l'influence de certains facteurs que nous allons sommairement analyser.

Ces facteurs sont, à notre avis :

1° La plus grande diffusion de l'instruction ;

2° Le plus grand développement des moyens de communication ;

3° Le développement de l'activité et de la concurrence commerciales ;

4° L'application des lois sociales sur l'obligation du service militaire, la réglementation du travail, l'hygiène, etc...

1° *La plus grande diffusion de l'instruction*

Il est indiscutable que la plus grande diffusion de l'instruction, en élevant le niveau intellectuel des masses à fait naître, dans l'esprit des individus, des goûts, des désirs d'un bien-être dont auparavant ils se tenaient passivement éloignés, comme d'un superflu inaccessible.

Ce phénomène, conséquent à l'émancipation intellectuelle des peuples, manifeste peut-être davantage son emprise sur le caractère français mieux préparé pour en éprouver les effets, parce qu'il est naturellement plus épris de grandeur et d'idéal.

Quiconque en France, se serait contenté de vivre dans la médiocre situation du travailleur manuel, a cherché à se procurer une vie plus agréable, en trouvant un débouché dans les emplois plus élevés du commerce et de l'industrie. Echanger la cotte bleue de l'ouvrier contre la jaquette de l'employé, fut, pendant les années qui succédèrent à l'application de la loi sur l'instruction obligatoire, le rêve que forma plus d'un fils d'ouvrier. Ce fut même le rêve du père, encourageant ses enfants à s'instruire afin de leur permettre de conquérir une situation moins obscure que la sienne.

Bien souvent, le rêve ne put se réaliser. L'encombrement des carrières obligea et oblige encore les fils de travailleurs à se cantonner dans les emplois médiocres, manuels ou autres; mais le grain a germé, la mentalité de la classe ouvrière ne s'en est pas moins modifiée, l'ouvrier manuel considère comme lui étant dues les satisfactions matérielles et morales qui longtemps demeurèrent l'apanage exclusif des classes plus élevées de la société.

Le goût de la lecture, de la littérature, de la musique, des arts, voire même celui de la bonne chère et du luxe ont pénétré profondément dans les couches sociales dites inférieures. La satisfaction de ses désirs nouveaux est devenue un besoin qu'il serait maintenant impossible de faire disparaître de la mentalité des nouvelles générations.

Ce n'est pas nous qui pouvons critiquer cette vulgarisation du bien-être moral et matériel. Nous dirons, au contraire, qu'il ne s'est produit là qu'une des phases de l'évolution de l'humanité, tendant toujours vers le perfectionnement et le mieux être, et que le devoir de la société est de se conformer aux lois de cette évolution.

2° *Le plus grand développement des moyens de communication*

La manière de vivre des milieux urbains, des grandes agglomérations, de même que celle des milieux ruraux, des campagnes, s'est sensiblement modifiée sous l'influence du développement des moyens de communication.

Dans les grands centres, la création de nombreuses lignes de tramways transportant rapidement et à bon marché, les habitants d'un point à un autre de la cité, a permis à l'employé, au travailleur, d'habiter, non plus comme autrefois, à proximité du magasin ou de l'usine, mais à plus de distance, dans un logement plus convenable ; elle a permis à la population trop dense des alentours, d'une exploitation industrielle, de s'extravaser vers la banlieue des villes, où elle a trouvé plus d'espace, une habitation plus reposante, une atmosphère plus pure où se retremper, un air plus sain à respirer.

Mais cette nouvelle façon de vivre constitue un supplément de dépenses journalières par l'emploi constant d'un moyen de locomotion.

Ce n'est plus seulement pour les allées et venues du travail qu'on utilise le tramway, mais encore pour les courses, les promenades, pour tout déplacement. Quiconque, autrefois, faisait de longues promenades à pied le dimanche, sans pour cela se déplacer bien loin de son habitation, a donné à ces promenades un but plus éloigné, fuyant la grande place ou le boulevard, il va vers la campagne prendre ses ébats, chercher une compensation à la vie absorbante et confinée de toute une semaine de labeur, et ce serait vraiment lui imposer une dure privation que de l'astreindre à économiser le surcroît de dépense qui en résulte.

Et puis ce sont les voyages qui s'accomplissent plus aisément, plus facilement qu'autrefois. C'est naturellement des voyages d'agrément, que nous voulons parler. L'abaissement des tarifs des chemins de fer, les réductions consenties par les compagnies à l'occasion des fêtes ou vacances, incitent au déplacement, font naître la tentation de satisfaire à la curiosité, au besoin de connaître et de s'instruire, inhérent à la nature humaine. On sacrifiera sans regret une bonne part de ses modestes économies, si tant est qu'on en réalise, pour s'offrir la satisfaction d'un voyage vous permettant de voir plus fréquemment quelque parent, quelque ami, ou d'admirer quelque site inconnu.

***

Nous disions que la vie des milieux ruraux avait été modifiée par l'extension des moyens de communication. Cela est vrai, quoique dans un sens différent que pour les milieux urbains.

Jadis, le cultivateur demandait à la terre de lui assurer largement les denrées de première nécessité, puis il employait le reste de son terrain disponible à la culture de quelques produits agricoles, dont il espérait pouvoir avoir un écoulement assez facile. Il s'ensuivait que les denrées agricoles de première nécessité n'avaient pas à ses yeux de valeur vraiment marchande et pouvaient s'acquérir, sur le lieu même de la culture, par le consommateur, à très bas prix.

Mais survint le chemin de fer. Quelques cultivateurs eurent l'idée d'expédier à la ville la plus proche les produits qu'ils avaient en excédent. L'opération réussit, l'exemple fut suivi. Bientôt même, ils n'eurent plus à se déranger, des commissionnaires s'étant institués pour les suppléer dans l'office du transport, leur offrant l'avantage d'une bonne rémunération sans aucun dérangement.

De telle sorte que le cultivateur ne conserve plus, comme produits de culture maraîchère, que le strict nécessaire à sa nourriture, et que l'acheteur isolé arrive à payer autant, et même plus, les denrées agricoles sur le lieu même de production qu'au marché de la ville, largement approvisionné par les commissionnaires sus-indiqués.

Ce phénomène s'applique, non seulement aux produits de la terre, mais encore à tous les produits d'essence rurale, œufs, lait, beurre, fromage. Nous tenons de quelques intéressés eux-mêmes que, dans certains pays réputés par leurs productions de ce dernier genre, le rapport au producteur s'est accru dans une proportion atteignant parfois 50 %.

3° *Le développement de l'activité et de la concurrence commerciales*

Une nouvelle cause de l'augmentation du coût de la vie, se rencontre dans l'accroissement de l'activité et de la concurrence commerciales.

Les progrès du machinisme ont eu, comme conséquence immédiate, la surproduction. Les fabricants et commerçants, en nombre toujours plus grand, ont dû tout tenter pour l'écoulement de cette production excessive. Ils y sont parvenus, d'une part, par la guerre à outrance des tarifs, de l'autre, par la réclame, l'installation et la présentation de la marchandise.

Les magasins ont sû composer des étalages à l'attrait puissant, flattant la coquetterie, la fantaisie, l'originalité, le goût du changement, du renouveau, fascinant l'acheteur par le bas prix indiqué en chiffres voyants et tentateurs, au besoin, ils ont su instituer la vente à crédit, dans des formes engageantes, offrant toutes facilités pour le paiement.

Ainsi, dans l'esprit des classes laborieuses, a pénétré le désir du luxe, du sacrifice à la mode ; l'ouvrier se vêt aussi élégamment que le bourgeois. Dans un lieu public, ce n'est plus l'aspect extérieur qui permettra de les différencier.

Donc, le souci de l'élégance, la recherche de la tenue, le soin de la personne, constituent à notre époque un besoin impérieux, dont la satisfaction est coûteuse.

Faut-il blâmer cet état de choses, et dire que le travailleur aurait dû conserver les goûts modestes d'autrefois? Ce n'est pas notre avis. Ils ne le peuvent, ni ne le doivent, car ce faisant, ils agiraient contre leur propre intérêt. Du jour où s'opérerait une réaction dans ce sens, la clientèle riche, même jointe à la clientèle seulement aisée, ne suffiraient pas à elles deux pour assurer l'écoulement de la surproduction ; une crise économique violente en résulterait, et ces classes laborieuses auxquelles on est trop facilement enclin à faire grief de leur penchant au luxe et au bien-être, seraient les premières a en subir les terribles effets.

Pour pouvoir éviter la surproduction, génératrice des longs chômages, elles doivent elles-mêmes participer largement à la consommation ; elles doivent, par la dépense d'aujourd'hui, assurer le gain qui permettra la dépense de demain.

4° *Les lois sociales*

Les lois démocratiques établies depuis une vingtaine d'années par le régime républicain ont eu leur répercussion sur les conditions de l'existence. Au nombre de ces lois, nous retiendrons plus spécialement, pour en examiner les effets, la loi sur le service militaire obligatoire, la législation sur les conditions du travail ; limitation de la journée, accidents, syndicats professionnels, enfin la réglementation de l'hygiène publique.

L'OBLIGATION DU SERVICE MILITAIRE

Le service militaire obligatoire ne peut nous intéresser ici qu'en raison de ce que la dépopulation des campagnes lui est en partie imputable.

En venant tenir garnison dans les villes, les fils de la campagne y contractent des besoins nouveaux, car le luxe et le plaisir qui s'étalent sous leurs yeux font naître en eux le désir d'en user.

Un grand nombre d'entre eux, s'illusionnant sur l'agrément de la vie urbaine, prennent le dégoût de la terre et cherchent une place quelconque à l'usine ou ailleurs, sans se douter ou ne voulant pas croire, les malheureux! qu'ils vont augmenter le nombre des bras sur le marché du travail, qu'en accroissant le contingent d'une ville, ils compliqueront davantage le problème social...

Le nombre de ceux qui retournent à leur village est donc limité. S'ils reviennent chez eux, c'est que le plus souvent ils y sont amenés par un intérêt primordial, mais ils conserveront la hantise du plaisir et du luxe entrevus pendant leur séjour à la caserne; ils essayeront de se les procurer, au besoin, ils viendront de temps en temps à la ville les y chercher... Résultat : des dépenses, des frais dont ils chercheront naturellement une compensation dans un prix de vente plus élevé des produits qu'ils tirent de la ferme ou du sol.

Comme autre conséquence, les bras manquant pour les travaux agricoles, les exploitants subissent fatalement la loi de l'offre et de la demande, se trouvent donc dans l'obligation de payer davantage la main-d'œuvre rurale. Et c'est toujours le consommateur qui supporte l'augmentation du prix des denrées.

Si nous disions plus haut que le développement des moyens de communication avait été une cause de plus à la cherté des produits agricoles, il est juste d'en trouver aussi raison dans la dépopulation des campagnes, conséquente à l'obligation du service militaire.

LÉGISLATION DU TRAVAIL

Il semblerait que toutes les lois faites pour améliorer le sort de la classe ouvrière lui soient, au début de leur application, nuisibles.

Il en sera ainsi tant que ne seront pas modifiées l'éducation et la mentalité de la classe possédante, tant qu'on n'aura pas fait pénétrer dans les classes sociales élevées un peu plus de conception du devoir humanitaire.

Le capital et le travail sont intimement liés l'un à l'autre, or, les exploitants, industriels ou commerçants, détenteurs du capital, ont bien admis souvent à leur corps défendant, que les conditions du travail soient améliorées, mais ils n'ont pu comprendre que cette amélioration se fasse à leur détriment, ils n'ont pu consentir à ce qu'il s'ensuive pour eux la moindre diminution dans leur surplus de bien-être.

Aussi, quand il s'est agi de limiter la durée de la journée de travail, et les ouvriers défendant opiniâtrement le maintien du taux de leur salaire journalier, ont-ils immédiatement répondu par une majoration de leurs tarifs. Il en fut de même lorsque la loi sur les accidents est venue leur apporter une obligation de caractère onéreux.

D'autre part, lorsque la loi sur les syndicats professionnels est venue permettre aux travailleurs de se grouper pour la défense de leurs intérêts, ils en ont profité immédiatement pour demander des augmentations de salaire. Celles-ci, quelquefois chèrement obtenues, ont été une raison de plus pour les patrons, de majorer leurs prix de vente, parce qu'ils ne voulaient pas se soumettre aux conséquences d'une diminution de leurs bénéfices.

Qu'il s'agisse même de lois sociales d'une portée plus générale, en faveur des humbles, elles produisent les mêmes effets. A qui, en l'espèce, demandet-on le surcroît d'impôts nécessaire à l'application de ces lois, sinon à ceux qui possèdent, lesquels ne voulant pas être dépossédés d'une parcelle de leurs privilèges, cherchent ailleurs des compensations?

Ainsi, l'on tourne dans un cercle vicieux.

L'élévation des salaires n'est pas un indice de plus grand bien-être. Nous n'en voulons pour preuve que l'Amérique, où les salaires atteignent des chiffres qui font rêver nos ouvriers, et où, cependant, la misère n'est pas moins grande que sur notre vieux continent, parce que la cherté de la vie s'y trouve en rapport direct et constant avec le taux des salaires.

D'ailleurs, cette situation ne se modifiera pas dans l'avenir tant que les rapports du capital et du travail seront soumis au régime du salariat.

RÉGLEMENTATION SUR L'HYGIÈNE

La plus grande diffusion des préceptes d'hygiène et la mise en vigueur des lois récentes réglementant l'hygiène publique ont amené, notamment dans les grands centres, la disparition des vieux immeubles aux logements à bon marché, mais malsains et incommodes, remplacés généralement par des maisons somptueuses comportant tout le confort moderne, mais dont les loyers sont inévitablement d'un prix en rapport avec les nouveaux avantages qu'ils procurent.

Les hommes de notre génération, nés dans les grands centres, se souviennent d'avoir vécu, tout enfants, dans des immeubles n'ayant qu'un vague rapport avec les constructions de notre temps. S'il nous fallait revenir à l'habitation de cette époque lointaine, nous aurions sans doute de la peine à nous y accoutumer. En tout cas, voudrions-nous user d'un loyer ayant les mêmes conditions de bon marché qu'à l'heure actuelle, nous ne le pourrions plus.

Nous savons bien que dans certaines grandes villes, il existe des maisons de construction récente offrant des logements dits « économiques », mais outre que ces immeubles sont loin de présenter tout le confort et toutes les commodités des maisons ordinaires, leur nombre en est très restreint, les postulants à l'occupation de ces loyers doivent attendre longtemps, à leur tour de rôle d'inscription, l'attribution du premier logement vacant de leur convenance. Nous ne saurions les considérer que comme une exception qui vient confirmer la règle.

Différence du coût de la vie entre les divers Etablissements et moyens de l'établir

Par tout ce qui précède, nous avons exposé les faits qui nous paraissent avoir été la cause et sont encore la cause de la cherté toujours croissante de la vie. Nul d'ailleurs, pensons-nous, ne songe à nier la vérité de cet accroissement, statisticiens, économistes, philosophes, tous sont d'accord pour le reconnaître.

D'ailleurs, voulût-on la nier, qu'il n'y aurait, pour être convaincu, qu'à consulter les statistiques annuelles publiées par le ministère de l'agriculture, faisant connaître le prix moyen des denrées de première nécessité dans les chef-lieux de département. Si l'on fait, par exemple, une comparaison entre les tableaux figurant à la statistique de 1900 et ceux que contient la statistique de 1907, on constate une moyenne d'accroissement des prix, qui n'est pas inférieure à 20 %.

Est-ce à dire que l'augmentation du coût de la vie s'est manifestée partout d'une manière égale? Non pas... Il est évident que certaines régions, certains centres, l'ont plus fortement ressentie.

Quelles raisons trouver à cela?

Elles sont multiples et complexes.

En dehors des influences que nous signalions au chapitre précédent, lesquelles ne sont pas exercées simultanément partout à la fois, on doit faire entrer en ligne de compte les causes inhérentes au centre particulier que l'on veut envisager, aux coutumes et aux mœurs locales.

D'autre part, la situation d'une ville a pu influer mieux que le chiffre de sa population, sur le plus ou moins d'effet du renchérissement. C'est le cas des stations thermales, balnéaires, hivernales ou estivales, de tous lieux de villégiature, dont la clientèle s'accroît constamment.

Nous ne pouvons ici, dans le cadre spécial où nous nous mouvons, citer les noms de certaines villes de ce genre qui, en peu d'années, se sont entièrement transformées. La crainte de froisser certaines susceptibilités, la crainte aussi de porter un jugement téméraire ou préconçu, nous en font le devoir.

Pour indiquer la différence du prix de la vie entre les diverses villes où sont situés nos Établissements, nous pourrions nous baser sur les chiffres des statistiques officielles ou sur ceux des mercuriales. Toutefois, nous ne le ferons pas, parce que nous ne pouvons leur accorder qu'un crédit limité, et pour cette raison que les chiffres de ces publications se rapportent toujours à la vente en gros. Or, de la vente en gros à la vente au détail, la proportion de la différence entre les diverses villes peut ne pas subsister.

En effet, d'une ville à l'autre, la patente du commerçant est plus ou moins élevée, suivant que l'édilité a besoin de plus ou moins de ressources pour faire face à ses charges. Les droits d'octroi, à l'entrée des villes, sont établis différemment ici que là. Dans les villes où l'on a supprimé l'octroi, on a institué des taxes de remplacement; pour équilibrer le budget municipal, on a imposé à peu près tout ce qui pouvait l'être, on a augmenté les patentes des commerçants, de telle manière que les denrées qui auraient dû logiquement baisser de prix, ont été maintenues à leur taux primitif, quand celui-ci ne s'est pas, au contraire, élevé.

Dans d'autres centres, c'est la plus grande concurrence qui oblige le commerçant à une meilleure présentation de sa marchandise, dans un local plus luxueux, avec des frais généraux plus considérables, dont il saura bien trouver la compensation par une augmentation des chiffres de son prix-courant.

A juger sainement, nous croyons être très près de la vérité, en disant que le prix des denrées ou objets de première nécessité tend à s'uniformiser de plus en plus, et n'offre, d'une ville à l'autre, que des variations peu sensibles.

Mais alors, sur quoi se baser pour opérer la révision que nous demandons? Le critérium le plus sûr nous paraît être le prix des loyers.

Nous ne disons pas qu'il ne faille pas tenir compte du prix des denrées, car ce ne serait pas juste, mais nous prétendons qu'avec le prix des loyers, on se trouve en présence de quelque chose de plus précis, et qui se prête moins aux fluctuations, car, en effet, une fois établi ou augmenté, le prix d'un loyer, il est à présumer qu'il demeurera longtemps à son dernier taux.

La question des loyers, à elle seule, pourrait justifier la question du classement de nos Manufactures, étant donné que, dans plusieurs villes, le prix des loyers s'est sensiblement accru depuis quelques années.

En moins de huit ans, la proportion de cet accroissement a été, pour quelques-unes, de 25 à 30 %.

***

Nous ne sommes pas les seuls agents de l'Etat qui aient appelé la bienveillante attention de leur administration sur le renchérissement de la vie. Les employés des postes, notamment, l'on fait souventes fois depuis 1899, puis plus tard, en 1908, les employés des contributions indirectes.

A la suite de ces démarches, et grâce aux dispositions favorables de certains rapporteurs du budget, tels que : MM. Bertaux, Doumer et Sambat, lesquels, à la tribune de la Chambre, ont reconnu la nécessité d'une progression des traitements des agents que nous citons, s'harmonisant avec le renchérissement de la vie matérielle, des enquêtes furent prescrites depuis 1900 par les administrations en cause.

Dans l'administration des postes et télégraphes, l'enquête et la révision sont devenues quinquennales. Cette administration a reconnu, en effet, qu'il serait injuste de considérer le classement d'une localité comme permanent et immuable, parce que sa situation peut changer et les conditions de la vie s'y modifier.

Signalons, en passant, qu'une grande administration privée, la compagnie des chemins de fer d'Orléans, frappée de l'accroissement du coût de la vie, après enquête préalable, n'a pas craint d'accorder des indemnités de résidence à ses agents affectés à des localités dans lesquelles la cherté de la vie se fait plus particulièrement sentir.

Notons, sans en tirer de conclusion, que dans l'échelle de ces indemnités, une différence de 100 francs seulement sépare la capitale de certaines villes classées dans notre 1re catégorie; pour d'autres villes classées dans la 2e catégorie, elle est de 150 francs.

Dans notre propre Administration, des enquêtes, dans le genre de celles que nous venons d'indiquer, eurent lieu à différentes époques, tous les cinq ans environ, de 1860 à 1898. A chacune de ces enquêtes correspondit une révision de la classification des Etablissements.

Mais nous croyons bien que l'enquête de 1898 fut la dernière, car nous n'avons pas souvenance que depuis cette année là, il en ait été fait.

Ces enquêtes périodiques constituent pourtant le seul moyen pratique et sérieux d'établir la différence du coût de la vie entre nos différentes villes; aussi avons-nous constaté avec plaisir que notre Administration a fait, au début de la présente année, procéder à une nouvelle enquête, en se servant de l'organe de nos directeurs locaux, lesquels ont eux-mêmes invité divers éléments à y participer.

Que résultera-t-il de cette enquête? Nous l'ignorons.

Nous ne doutons pas qu'elle acquière toute la valeur et toute l'autorité voulues, surtout si l'on prend soin de faire arbitrer les différences d'appréciation que l'on pourrait rencontrer entre les divers éléments appelés à y collaborer. En tout cas, nous nous permettons d'espérer que, comme dans le passé, cette enquête sera suivie de la révision que nous sollicitons.

Modalités de la réforme

Les enquêtes étrangères à notre Administration, auxquelles il vient d'être fait allusion, ont classé les villes intéressées en trois catégories, autant qu'il en existe actuellement pour nos Manufactures. Toutefois, cette analogie ne se continue pas en ce qui concerne la différence entre les indemnités de séjour attribuées à chacune d'elles.

Alors qu'une différence de 150 % seulement sépare la 1re catégorie de la 3e, chez nous, elle est de 300 francs entre les appointements correspondants à ces mêmes catégories. Nous pensons qu'il serait équitable de ramener cette différence à un maximum de 200 francs.

Pour y parvenir, il suffirait, tout en maintenant la classification en trois catégories, de ne laisser subsister entre elles qu'une variation de 100 francs dans le taux des appointements. Evidemment, la composition de chaque catégorie pourrait ne pas être la même que celle existant actuellement; il entre dans notre projet de la faire s'harmoniser avec les résultats de l'enquête de 1910.

Quoiqu'il en soit, le tableau de la page 11 du décret du 14 janvier 1908 pourrait être modifié ainsi qu'il suit :

GRADES ET CLASSES		1re Catégorie	2e Catégorie	3e Catégorie
Chefs de section principaux des Manufactures	1re classe	4.200	4.100	4.000
	2e classe	3.700	3.600	3.500
Chefs de section des Manufactures et chefs d'atelier des Magasins	1re classe	3.300	3.200	3.100
	2e classe	3.000	2.900	2.800
Contremaîtres principaux		3.000	2.900	2.800
Contremaîtres	1re classe	2.750	2.650	2.550
	2e classe	2.550	2.450	2.350
	3e classe	2.350	2.250	2.150
Surveillants	1re classe	2.200	2.100	2.000
	2e classe	2.050	1.950	1.850
	3e classe	1.900	1.800	1.700
Surveillants stagiaires	2e année	1.800	1.700	1.600
	1re année	1.750	1.650	1.550
Contremaîtresses principales		2.200	2.100	2.000
Contremaîtresses	1re classe	2.060	1.900	1.860
	2e classe	1.925	1.825	1.725
	3e classe	1.800	1.700	1.600
Surveillantes	1re classe	1.700	1.600	1.500
	2e classe	1.600	1.500	1.400
	3e classe	1.500	1.400	1.300
Concierges	Hors classe	1.900	1.800	1.700
	1re classe	1.775	1.675	1.575
	2e classe	1.650	1.550	1.450
	3e classe	1.525	1.425	1.325
Concierges stagiaires	2e année	1.475	1.375	1.275
	1re année	1.425	1.325	1.225
Garçons de bureau	Hors classe	2.100	2.000	1.900
	1re classe	1.975	1.875	1.775
	2e classe	1.850	1.750	1.650
	3e classe	1.725	1.625	1.525
Garçons de bureau stagiaires	2e année	1.675	1.575	1.475
	1re année	1.625	1.525	1.425

On voit de suite, par ce tableau, que les appointements de la 3e catégorie sont équivalents à ceux de l'actuelle 1re catégorie. C'est en quelque sorte une unification des appointements sur cette catégorie avec les différences en plus pour quelques Etablissements.

Nous devons ajouter que nous comprenons par 1re catégorie, non seulement les Manufactures hors classe, de la Seine, mais encore les Etablissements qui, par leur situation spéciale, pourraient mériter ce classement.

Dans la 2e catégorie entrerait tout ou partie de la 1re catégorie actuelle, plus, si besoin était, les Etablissements de la 2e se trouvant dans les conditions voulues. Le reste composerait la 3e catégorie.

Indemnités de résidence

Le mode de réalisation que nous venons d'exposer ne va pas certainement sans nécessiter l'emploi de crédits assez importants, non seulement pour la nouvelle fixation du taux des appointements, mais pour les pensions de retraite dont l'augmentation doit s'ensuivre.

Sur ce point, nous tenons à déclarer qu'ayant toujours fait preuve de patience et de raison, nous sommes tout disposés à admettre la réalisation par échelonnements ou par répartition sur plusieurs annuités, au fur et à mesure des disponibilités budgétaires.

Une autre modalité de la réforme permettrait de la réaliser à moins de frais, en ce qui touche aux pensions de retraite. Elle consisterait dans l'institution d'indemnités de résidence, mais pour ce faire, il devient indispensable de procéder à l'unification des appointements.

A ce sujet, nous nous souvenons que M. Cochery, ministre des finances, lors de la discussion du dernier budget, s'est montré et déclaré partisan de l'unification des salaires dans nos Etablissements, avec institution d'indemnités de résidence, et qu'il a promis d'étudier cette réforme.

Si cette unification se réalisait, elle aurait, comme corollaire logique et obligatoire, l'unification des appointements, également avec attribution d'indemnités de résidence.

Une simple modification à la première modalité que nous avons exposée, permet la réalisation de la réforme dans ce sens, ainsi que le démontre le tableau ci-contre :

CLASSES ET GRADES		1re CATÉGORIE			2e CATÉGORIE			3e CATÉGORIE		
Chefs de section principaux des Manufactures	1re classe	4.000	200	4.200	4 000	100	4.100	4 000	—	4.000
	2e classe	3.500	200	3.700	3.500	100	3 600	3.500	—	3.500
Chefs de section des Manufactures et chefs d'ateliers des Magasins	1re classe	3 100	200	3 300	3.100	100	3 200	3.100	—	3.100
	2e année	2.800	200	3.000	2.800	100	2.900	2 800	—	2.800
Contremaîtres principaux		2 800	200	3.000	2.800	100	2.900	2.800	—	2.800
Contremaîtres	1re classe	2.550	200	2.750	2.550	100	2 650	2.550	—	2.550
	2e classe	2.350	200	2.550	2.350	100	2 450	2.350	—	2.350
	3e classe	2.150	200	2.350	2.150	100	2.250	2.150	—	2.150
Surveillants	1re classe	2.000	200	2.200	2.000	100	2.100	2.000	—	2.000
	2e classe	1.850	200	2.050	1 850	100	1.950	1.850	—	1.850
	3e classe	1.700	200	1.900	1.700	100	1.800	1.700	—	1.700
Surveillants stagiaires	2e année	1.600	200	1 800	1.600	100	1.700	1.600	—	1.600
	1re année	1.550	200	1.750	1.550	100	1.650	1.550	—	1.550
Contremaîtresses principales		2.000	200	2 200	2.000	100	2.100	2.000	—	2.000
Contremaîtresses	1re classe	1.850	200	2.050	1 850	100	1.950	1.850	—	1.850
	2e classe	1 725	200	1.925	1.725	100	1 825	1.725	—	1.725
	3e classe	1.600	200	1.800	1.600	100	1.700	1.600	—	1.600
Surveillantes	1re classe	1.500	200	1.700	1.500	100	1 600	1.500	—	1.500
	2e classe	1.400	200	1.600	1.400	100	1.500	1.400	—	1.400
	3e classe	1.300	200	1.500	1.300	100	1.400	1.300	—	1.300
Concierges	Hors classe	1.700	200	1.900	1.700	100	1.800	1.700	—	1.700
	1re classe	1.575	200	1.775	1.575	100	1.675	1.575	—	1.575
	2e classe	1.450	200	1.650	1.450	100	1.550	1.450	—	1.450
	3e classe	1.325	200	1.525	1.325	100	1.425	1.325	—	1 325
Concierges stagiaires	2e année	1.275	200	1.475	1.275	100	1.375	1.275	—	1.275
	1re année	1.225	200	1.425	1.225	100	1.325	1.225	—	1 225
Garçons de bureau	Hors classe	1.900	200	2.100	1.900	100	2.000	1.900	—	1.900
	1re classe	1.775	200	1.975	1.775	100	1.875	1.775	—	1.775
	2e classe	1.650	200	1.850	1.650	100	1.750	1.650	—	1.650
	3e classe	1.525	200	1.725	1.525	100	1.625	1.525	—	1.525
Garçons de bureau stagiaires	2e année	1.475	200	1.675	1.475	100	1.575	1.475	—	1.475
	1re année	1.425	200	1.625	1.425	100	1.525	1.425	—	1.425

En somme, ce tableau, appointements et indemnités totalisés, donne des résultats analogues au précédent. Toutefois, le dernier mode de réalisation, s'il ne diminue pas la dépense se rapportant à la revision proprement dite, a réduit cependant en ce qui concerne les pensions de retraite afférentes aux 2e et 1re catégories nouvelles.

Cette seconde manière présente, à nos yeux, encore un avantage : c'est de réaliser du même coup, une œuvre de justice et d'équité par l'unification du taux de la pension de retraite, quelle que soit la résidence des préposés. De plus, les droits acquis ne seront pas lésés. En effet, les préposés de notre 3e catégorie voient leur retraite s'augmenter, comme si leurs Etablissements avaient été l'objet d'un relèvement sous le régime actuellement en vigueur; ceux passés dans nos 2e et 1re catégories, ne subissent aucun dommage, puisque leur retraite demeure ce qu'elle était auparavant.

Il n'y a que les préposés des Manufactures de la Seine qui pourraient avoir à se plaindre du nouvel état de choses, l'unification affectant le taux primitif de leur retraite.

Pour obvier à cet inconvénient, nous émettrons une proposition subsidiaire, celle de la non-rétroactivité de la réforme en ce qui a trait aux Manufactures de la Seine.

Pour ces Etablissements seulement, les nouvelles conditions ne seraient applicables qu'aux agents à nommer dans l'avenir.

Cette méthode est d'ailleurs pratiquée par d'autres administrations, pour des cas analogues.

Manufactures d'allumettes et Magasins

Les considérations sur lesquelles nous nous sommes appuyés au cours de cette étude pour réclamer la révision du classement des Manufactures de tabacs, s'appliquent également aux Manufactures d'allumettes et aux Magasins.

Les conditions dans lesquelles les Manufactures d'allumettes sont entrées dans la contingence du monopole, ont voulu que les préposés de ces Etablissements y reçoivent le traitement correspondant à la 1re catégorie actuelle, sauf pour les Manufactures de la Seine, mises sur le pied d'égalité avec les Manufactures de tabacs.

Il serait bien étonnant que les villes où ces Manufactures sont situées, n'aient pas eu à subir la hausse générale de la cherté des vivres et des loyers. Il se pourrait donc fort bien que pour quelques-unes d'entre elles se présente la nécessité d'un surclassement.

D'ailleurs, il entre bien dans notre pensée, que là, où il existe parallèlement une Manufacture de tabacs et une d'allumettes, les préposés reçoivent dans chacune d'elles des appointements équivalents, comme cela s'est pratiqué jusqu'à présent.

***

Nous estimons que les préposés des Magasins de feuilles doivent également bénéficier de toute mesure bienveillante dans le sens indiqué par nous, au même titre que leurs collègues des Manufactures.

Au Congrès de 1909, le délégué des Magasins demandait en leur faveur la création d'indemnités de résidence. Il nous apparaît, que pour donner satisfaction à cette réclamation légitime, en même temps que pour rendre adéquate la réforme que nous sollicitons, il serait de bonne justice de réaliser l'unification des deux catégories de Magasins, en la complétant comme nous l'exposons pour les Manufactures, par l'institution d'indemnités de résidence.

De plus, lorsqu'un Magasin se trouve situé dans une localité où se rencontre également une Manufacture, nous croyons qu'il serait de toute équité d'admettre au traitement des préposés de cette dernière, les préposés du Magasin de feuilles, comme cela existe déjà pour les Magasins de transit.

Bien entendu, lorsque nous parlons de Magasins de feuilles, nous comprenons qu'on doit étendre aux Magasins situés en Algérie, les dispositions favorables qui seraient prises dans la métropole.

Puisque nous sommes appelés à parler des Magasins d'Algérie, nous profiterons de l'occasion que nous fournit cette étude, pour signaler à l'attention de notre Administration, le rapport présenté par le délégué des Magasins, au Congrès de 1909.

CONCLUSIONS

La lettre commune n° 120/20 du 27 janvier 1909, accompagnait une circulaire de M. Caillaux, ministre des finances, dans laquelle il disait en substance, que les fonctionnaires devaient réserver toute leur activité et toute leur intelligence au service de l'Etat. Cette prétention ne peut se justifier qu'à la condition que l'Etat paie ses agents de telle façon, qu'avec une vie et des charges normales, ils ne soient pas astreints à demander à des occupations complémentaires, le supplément de ressources qui leur est indispensable pour faire vivre leur famille et élever leurs enfants comme il convient.

Or, il est avéré que le nombre des préposés, à leur corps défendant, mus non par un esprit de lucre, mais par les nécessités de l'existence, sont dans l'obligation de recourir à des occupations secondaires pour faire face à leur situation et sauvegarder leur dignité d'agents de l'Etat.

Il y a lieu de penser que s'ils recevaient un traitement qui soit mieux en rapport avec la cherté de la vie, à notre époque, ils pourraient consacrer toute leur pensée, toute leur activité, tout leur temps aux soucis de leurs fonctions, une part de leurs facultés n'étant plus retenue par les soucis de l'existence matérielle.

Dans la population des villes où existent nos établissements, s'est accréditée la croyance que nous étions des agents de l'Etat largement rétribués. Peut-il en être autrement, lorsqu'on a entendu un ministre des finances déclarer que nous pouvions prétendre à un appointement de 4.000 francs.

Malgré tout le respect que nous professons pour nos chefs présents et passés, nous ne pouvons nous empêcher de dire que cette déclaration, bien faite pour donner créance à la croyance précitée, était malheureusement inexacte.

Elle l'était d'autant plus, qu'elle fut faite, si nos souvenirs sont fidèles, lors de la discussion d'un budget antérieur à notre dernière augmentation générale. A ce moment, seuls les chefs de section principaux de 1re classe du département de la Seine étaient dans ce cas. Les chefs de section appartenant aux Manufactures des catégories inférieures ne pouvaient pas y prétendre, à plus forte raison les 9/10e des préposés, qui terminent leur carrière comme contremaîtres principaux.

La revendication qui fait l'objet de ce rapport, si elle ne permet pas de rendre tout à fait exacte la déclaration que nous venons de citer, servirait tout au moins à nous la faire accepter comme étant moins entachée d'exagération.

Nous terminerons par une comparaison :

Le coût de la vie, (denrées et loyers réunis), dans l'espace des douze années qui viennent de s'écouler, s'est élevé dans une proportion de 30 à 40 %. En réunissant les surclassements obtenus par quelques établissements, et la dernière augmentation générale, on obtient une moyenne d'augmentation des appointements, voisine de 15 % laquelle, on le voit, est loin d'être en rapport avec celle de la cherté de la vie.

Par contre, nous avons pu constater moins de parcimonie de la part de notre Administration vis-à-vis d'une certaine catégorie de ses agents : les préposés techniques. Ceux-ci, en effet, ont obtenu dans le cours d'une même année (1908), une augmentation de 300 francs de leur traitement fixe, plus une indemnité de résidence basée sur le même principe que celle attribuée aux préposés d'origine militaire, c'est-à-dire variant de 100 à 500 francs, suivant la classe des Etablissements. Or, les considérations sur lesquelles on s'est appuyé pour améliorer la situation de ces agents, doivent, nous semble-t-il, pouvoir nous être également appliquées.

La réforme que nous préconisons revêt donc un caractère d'urgence incontestable. En la réalisant, notre Administration ne ferait que s'employer à une œuvre de bienveillance et de justice.

Création d'emplois de Chef de section

Manufactures de tabacs

La demande de création d'emplois de chef de section fut d'abord limitée au service général des Manufactures de tabacs.

Ce n'est que depuis notre Congrès de 1906 que la question prit une plus large ampleur et que les vœux émis étendirent cette demande à tous les services pouvant justifier une semblable création, ou à ceux qui, devant normalement comporter l'emploi, demeurent non pourvus d'un titulaire.

En conséquence, nous scinderons notre exposé en deux parties : l'une se rapportant à la question primitive, l'autre englobant toutes demandes subsidiaires de création d'emplois de chef de section.

Au service général

Le service général dont le service du magasin constitue la partie la plus importante, avait autrefois à sa tête un garde-magasin.

En 1896, le Congrès des préposés émettait un vœu en faveur de l'accessibilité à ces fonctions de garde-magasin. Comme réponse à ce desideratum, l'Administration procédât radicalement à la suppression de cet emploi, et investit MM. les Contrôleurs des fonctions s'y rattachant. Toutefois, il n'y eut que la responsabilité de donnée aux contrôleurs; le travail dans la plupart des Manufactures devint l'apanage des préposés qui, en échange de cet excédent de souci et de besogne, n'obtinrent aucune compensation.

Nous ne connaissons qu'une seule Manufacture, celle du Gros-Caillou (actuellement transférée à Issy-les-Moulineaux) où, antérieurement à la disparition des gardes-magasins, existait l'emploi de chef de section au service général. Dans d'autres Etablissements, à Bordeaux, par exemple, il en existait un qui fut entre temps supprimé. Depuis, et à la suite d'une promesse faite en 1909 par l'Administration, d'envisager favorablement la demande qui fait l'objet du présent rapport, deux nouveaux postes seulement furent créés : l'un à Reuilly, l'autre à Marseille, ce qui porte à trois le nombre des Manufactures de tabacs pourvues du dit emploi.

Consistance de ce service

Il n'est pas exagéré de prétendre que, d'une manière générale, le service général n'est homogène que sur le budget, et que différentes parties de ce service sont, dans la plupart des Manufactures, rattachés à d'autres sections ou aux bureaux.

De telle façon, que si l'on regarde séparément dans chaque Etablissement, la consistance actuelle et effective du service général, on le trouvera plus ou moins important; mais son importance devient sensiblement la même si à cette consistance incomplète on ajoute toutes les parties normales de ce service, rattachées à d'autres sections.

Même en n'envisageant que le service du Magasin proprement dit, les différences relevées entre les différentes Manufactures, comme quantités de matières reçues et expédiées, ne sont pas assez sensibles pour faire admettre que seuls, quelques Etablissements peuvent justifier, par une importance exceptionnelle, la création d'emplois demandés; puisqu'au contraire, il nous est donné de constater qu'à ce point de vue, parmi ceux qui ne sont pas pourvus de l'emploi, il en est qui accusent un trafic d'entrées et de sorties des matières, supérieur à celui des Etablissements qui en sont dotés.

En fait, c'est moins la quantité de matières reçues ou expédiées qui constitue l'importance du travail pour les préposés attachés au service du Magasin, que la diversité des matières reçues et des produits fabriqués. Or, d'une part, les types de tabacs mis en œuvre augmentant d'une façon constante, de l'autre, les variétés dans la fabrication tendant de plus en plus à se vulgariser et à se répartir entre toutes les Manufactures, il s'ensuit que le chiffre plus ou moins élevé des arrivages et des expéditions ne saurait servir de criterium absolu pour établir l'importance du service du Magasin d'une Manufacture.

Cependant, le Magasin d'un Etablissement ne constitue pas à lui seul tout le service général, et nous considérons qu'il serait rationnel de donner à ce service, dans toutes les Manufactures, sa consistance réelle, en réunissant, sous une même direction, tant en ce qui concerne les écritures que la manutention elle-même, tous les éléments qui le composent normalement. De cette façon, non seulement l'emploi de chef de section serait pleinement justifié, mais encore le fonctionnement du service ne pourrait qu'y gagner.

Tout en tenant compte de la fabrication respective et des manipulations spéciales à chaque Etablissement, la consistance du service général devrait comprendre toutes les écritures et les travaux de manipulation se rapportant aux éléments suivants :

1° Magasin des feuilles. Réceptions et livraisons, ainsi que tous travaux accessoires;

2° Magasin des fournitures. Réception et livraison aux sections;

3° Timbrage, repérage et coupe des vignettes, coupe des robes pour cigarettes, papier mousseline pour paquetage, paraffinage et étamage des papiers, confection des bondons, etc.

4° Expéditions des tabacs fabriqués, jus ou résidus, et tous travaux directs et accessoires en dépendant;

5° Fabrication et vente des jus;

6° Destruction des résidus;

7° Balayage général sous toutes ses formes, c'est-à-dire : nettoyage et entretien des cours et jardins, bains, crèches etc.

8° Travaux d'inventaire et travaux divers.

Nous n'entrons pas dans le détail de chacune des parties que nous venons d'énumérer, considérant inutile à notre argumentation, de reproduire ici la nomenclature figurant aux feuilles 51 ou 55.

On voit de suite qu'un service ainsi organisé avec toutes ses parties réunies est plus qu'il ne le faut important pour justifier la création d'un emploi de chef de section.

Ce n'est que dans un ou deux Etablissements, pour ne pas dire dans aucun, que les divers éléments du service général sont à peu près tous réunis de manière à former un service complet et autonome. Presque partout, ils sont partiellement disséminés dans les autres sections, comme nous le déclarions plus haut.

Il serait trop long de passer en revue les dispositions prises à ce sujet dans chaque Manufacture. Pour en donner un aperçu, nous notons au hasard : Dans deux ou trois Etablissements, les écritures du Magasin des feuilles, de celui des fournitures et des expéditions sont rattachées aux bureaux.

Partout à peu près, le repérage, le timbrage et la coupe des vignettes sont rattachés aux 4e et 5e sections; dans quelques Manufactures même, cette disposition se complique du fait des écritures se rapportant à ces travaux, qui sont tenues par la 1re section, alors que leur surveillance incombe aux deux sections précitées.

Presque partout aussi, la fabrication et la vente des jus sont assurées par la 1re section, quelquefois, la fabrication seule dépend de cette section, la vente de ces produits demeurant à la charge du service général.

Nous relevons également que la 2e section, dans le plus grand nombre des Manufactures, s'occupe de la surveillance et des écritures, ou seulement des écritures se rapportant aux parties suivantes : Réception et emmagasinage des feuilles, destruction ou emballage des résidus, triage et emballage des toiles, balayage général.

Dans deux Etablissements, la 1re section assure encore le service des expéditions, ce qui nous paraît d'une choquante anomalie.

Enfin, dans deux Manufactures, nous ne trouvons pas trace de l'organisation d'un service général, même tronqué, et possédant une certaine autonomie, comme nous le rencontrons dans la majorité des Manufactures de tabacs.

Par contre, le service général se voit attribuer certains travaux qui, logiquement ou administrativement, ne devraient pas être assurés par lui.

Nous citerons notamment la confection des emballages (tonnellerie, caisserie, coffretterie), qui, par une mesure administrative d'ordre général, a été distraite du service général, pour être rattachée à la section des machines, mais qui, dans beaucoup de Manufactures, est demeurée à la charge, soit du service général, soit de toute autre section qui en était antérieurement chargée.

La confection des emballages n'appartient que pour la forme à la section des machines. Les préposés chargés de cet atelier assurent tout le service, sans que les machines s'en préoccupent. Il apparaît indispensable que ce service soit appelé, d'une façon effective et définitive, à dépendre, ou de la section des machines, ou bien du service général.

Nous relevons en outre, que dans une Manufacture, le service général est chargé de l'assistance en cas de maladie, de l'Etablissement tout entier. Dans les autres Manufactures, ce travail est confié soit aux sections, chacune en ce qui la concerne, soit aux bureaux. Il nous semble que ce service devrait, logiquement, être attribué aux bureaux, plutôt qu'aux sections. Encore moins comprenons-nous qu'il puisse être assuré par le service général.

Direction de ce service

Dans toutes les Manufactures, sauf deux, la direction du service général est confiée à un préposé, lequel, s'il n'est pas chef de section (nous avons vu que trois Etablissements seulement en ont un), a toutes les charges et toutes les responsabilités de la fonction, sans en posséder les avantages.

Les deux Manufactures qui font exception, ont confié cette direction à un employé commissionné.

Nous nous permettrons de manifester ici notre étonnement, de voir des employés commissionnés, détachés dans le service de la fabrication proprement dite, alors que dans le service administratif des bureaux, on supplée au manque de commis par des préposés. Ces derniers font faute le plus souvent, au cadre de la fabrication où, d'une manière générale, le travail augmente de plus en plus.

Nous n'apercevons pas du tout la nécessité de la présence d'un commis au service général, parût-il même y représenter l'autorité du contrôleur. Dans les autres Manufactures, on n'a nul besoin de recourir à cet intermédiaire, puisqu'on fait toute confiance aux préposés, lesquels d'ailleurs savent y répondre ; rien ne vient démontrer que cette même confiance ne puisse être accordée aux préposés des deux Etablissements en cause.

Nous pourrions même objecter que la présence d'un commis au service général n'a pas suffi à empêcher la production de faits d'une certaine gravité, et que nous nous dispenserons de relater ici.

Les préposés assurent généralement une partie de la comptabilité des Magasins, qu'en principe, ils n'ont pas qualité pour tenir, puisqu'elle incombe régulièrement aux employés commissionnés. Il ne nous déplaît pas de constater que les préposés sont susceptibles de faire preuve de telles aptitudes et qu'on n'hésite pas à leur confier un travail de véritable comptabilité administrative. Mais alors, à quoi se réduit le rôle du commis placé à la tête du Magasin et du service général ? A faire un travail de correspondance qui peut sans inconvénient s'accomplir dans les bureaux.

Loin d'être utile au bon fonctionnement du service général, la direction confiée à un commis lui est préjudiciable. En effet, cet employé est souvent disposé à traiter les chefs de section en rapports constants avec lui, comme des agents qui lui sont subalternes; de là des froissements souvent pénibles et qui ne sauraient profiter à la bonne marche de la fabrication. Nous ne voulons pas sacrifier au désir d'exposer ici des faits à l'appui de cet argument, mais nous en possédons.

D'autre part, en raison même des relations constantes qu'entretient le service général avec toutes les sections, il y a un intérêt réel à confier sa direction à un préposé, lequel, connaissant mieux les détails de la fabrication, pour y avoir été mêlé de plus près, saura mieux ordonner son service de façon à ce qu'il marche à souhait et à la satisfaction des autres sections. C'est ainsi que l'on pratique dans toutes les autres Manufactures, c'est-à-dire la presque unanimité.

⁂

Si le préposé, chef du service général ne possède pas le grade de chef de section, il en remplit néanmoins toutes les fonctions, il assiste à la conférence journalière et reçoit directement de l'ingénieur tous les ordres concernant son service. Pourquoi, puisqu'on reconnaît la nécessaire présence d'un faisant fonction, ne pas titulariser définitivement cet agent dans un emploi qu'il occupera parfois fort longtemps ? C'est ainsi que dans une Manufacture que nous désignerons, parce que son cas mérite d'être particulièrement signalé : celle de **Morlaix**, le contremaître chef du service général exerce ces fonctions depuis douze ans. Voilà une anomalie surprenante, laquelle, si elle se vulgarisait, ne pourrait que provoquer le découragement parmi les préposés.

Dans quelques Etablissements, on a coutume de placer à la tête du service général le préposé susceptible d'être nommé chef de section à la première vacance. Il en résulte souvent de la part de cet agent, un zèle exagéré, conséquent à un surcroît de travail.

Ce préposé, en effet, par crainte de démériter, fournit une besogne bien supérieure à celle qui peut être normalement exigée de lui... On nous signale une Manufacture où, le faisant fonctions de chef de section au service général, s'impose gratuitement de fréquentes heures supplémentaires, pour la mise à jour de son travail.

Loin de nous la pensée de blâmer le zèle dont peuvent faire preuve les préposés ; mais dans le cas que nous signalons, nous estimons que ce zèle est poussé au-delà des limites raisonnables. Il n'est pas admissible qu'un agent ayant tous les soucis d'une fonction, sans en avoir le profit, soit en outre plus chargé de besogne qu'un titulaire d'emploi.

Donc, en ce qui concerne le service général, nous demandons la constitution uniforme, pour tous les Etablissements, d'un service autonome pourvu d'un chef de section titulaire d'emploi.

Peut-être dans certains Etablissements, une question de disposition des locaux ne permettra pas de se conformer d'une manière absolue à la consistance dont nous avons donné plus haut le modèle ; mais ce fait ne saurait être considéré comme un obstacle sérieux, surtout en ce qui concerne la transformation en chef de section, du chef de ce service.

Un avantage de la centralisation du service général, avec sa propre autonomie, sera de décharger presque partout la 1re section qui assure tout ou partie de ce service. Le travail spécial à la 1re section augmentant constamment, tant par la plus grande variété des matières mises en œuvre, que par les fréquents changements apportés dans la composition, il y a un intérêt immédiat pour la sauvegarde de la bonne fabrication, à laisser cette section se cantonner dans ses propres attributions.

En outre, il nous revient de tous côtés que le service de la fabrication devient de plus en plus chargé. En conséquence, nous estimons qu'il serait de toute nécessité de faire coïncider la création d'un emploi de chef de section au service général, avec le renforcement du cadre demandé lors d'audiences accordées précédemment par notre Directeur général ; c'est-à-dire qu'en même temps que cette création, le cadre des préposés pourrait être augmenté d'une unité suivant les besoins de la consistance proposée.

A *d'autres services*

De même qu'à la tête du service général, nous voyons, presque partout, placé un contremaître faisant fonctions de chef de section, nous voyons également dans plusieurs Manufactures, la direction du service autonome de la 3e section assurée de la même manière.

Les préposés de tous les Etablissements qui ne possèdent pas un titulaire d'emploi comme chef de ce service, sont unanimes à demander cette titularisation, et pour cette même raison que nous invoquions à propos du service général : qu'il n'est pas logique de donner à un agent toutes les responsabilités, tout l'aspect extérieur d'une fonction, sans, en même temps, lui en conférer les avantages.

On pourra invoquer que sont ordinairement placés dans ces fonctions, des agents qui peuvent espérer plus tard être appelés définitivement à l'emploi dans un autre service. Or, cet espoir fut souvent déçu. D'autre part, l'objection ne serait valable qu'autant que le poste en cause servirait de moyen de comparaison pour juger de l'aptitude à l'emploi de chef de section, des préposés susceptibles de le devenir. Pour cela, il faudrait qu'avant de concourir, ils fournissent un stage dans la direction intérimaire de ce service. L'objection ne peut tenir, puisque généralement, ce n'est pas ainsi qu'on procède.

Bien mieux : Qu'une vacance vienne à se produire, on appellera vraisemblablement à concourir, le contremaître faisant fonctions à la 3e section, conjointement avec d'autres contremaîtres uniquement chargés d'un service d'atelier. Ce qui s'est déjà produit, n'arrive-t-il pas encore : c'est-à-dire que celui-là (qui pourtant avait paru donner satisfaction, puisqu'on l'avait maintenu dans ses fonctions) pour un vague point faible dans son concours, pour un manque de présence d'esprit à cet instant, ou pour d'autres raisons qui échappent à notre entendement, se verra préférer l'un de ceux-ci qui, d'emblée, deviendra titulaire d'emploi.

Résultat profondément décourageant pour celui qui croyait avoir bien mérité, et s'il continue dans ce même emploi, à remplir ses fonctions avec le même zèle qu'auparavant, il faudra qu'il soit doué de beaucoup de constance et qu'il possède beaucoup d'esprit de dévouement.

On nous objectera encore que le service de la 3e section, quoiqu'étant autonome, n'est pas, par lui-même, assez important pour justifier à sa tête un titulaire, chef de section.

A cela, nous répondrons que ce service présente moins d'importance que les autres, il nous apparaît comme tout indiqué pour recevoir les nouveaux promus à l'emploi de chef de section, ils pourront ainsi plus facilement s'initier à leurs nouvelles et délicates fonctions. En somme, que l'on fasse pour les nouveaux titulaires ce que nous indiquions plus haut comme n'étant pas fait pour les candidats possibles ou prétendus tels, ce qui serait cependant rationnel.

D'ailleurs, dans certains Etablissements, on a compensé cette insuffisance apparente de la 3e section, en confiant au chef de cette dernière la charge de certains services accessoires. C'est là un procédé qui pourrait, nous semble-t-il, et sans inconvénient, se généraliser.

***

Dans les Manufactures où la fabrication des cigarettes a pris une grande extension, nous demandons que cette fabrication soit distraite de la 4e section à laquelle on l'a rattachée, pour former une nouvelle section.

D'ailleurs, par suite de l'accroissement constant de la vente des scaferlatis et des cigarettes, le travail du plus grand nombre des Manufactures, d'ici à quelques années, se rapportera, en majeure partie, à la fabrication de ces produits.

Il deviendra matériellement impossible au chef de la 4e section d'assumer la charge d'un service aussi important, et la subdivision s'imposera d'elle-même.

Ateliers de construction de Limoges

Le travail des Ateliers de construction de Limoges ne présente aucune analogie avec celui des Manufactures de tabacs.

Les préposés de cet Etablissement demandent la création d'un emploi de chef de section au service général d'abord, puis un autre à l'atelier du bois.

Le service général des Ateliers de construction ne présente aucune similitude avec celui de nos Manufactures. Ce service comprend :

1° La classification du bois d'essences diverses. Ces bois subissent trois ou quatre manipulations;

2° Réception et livraison aux magasins des ateliers, des fers, aciers et matériaux divers;

3° Livraison des bois, matériaux et fournitures diverses aux différents ateliers, mesurage des bois, etc.

4° Les expéditions;

5° Balayage et entretien des cours et jardins.

Ce service, auquel nos collègues de Limoges demandent qu'on rattache la tonnellerie et la préparation des planchettes, est particulièrement chargé, et, de l'avis même des employés supérieurs de cet Etablissement, justifie pleinement la création d'un poste de chef de section.

Un autre service où la présence d'un chef de section s'impose, est l'atelier du bois, qui comprend un nombreux personnel employé au fonctionnement de diverses et nombreuses machines-outils, pour le débit et la transformation du bois.

D'ailleurs, les Ateliers de Limoges ne possèdent aucun chef de section. Ces ateliers n'ayant que vingt-trois ou vingt-quatre ans d'existence, les préposés admis dès le début dans cet Etablissement ont attendu d'être au moins contremaîtres pour envisager la possibilité de devenir chefs de section.

Depuis, ils se sont laissés bercer par l'espoir de voir leur situation se régulariser d'elle-même, mais jusqu'à présent, leur espérance a été déçue. Bien plus, ils formulent la crainte que la direction de tous les services soit confiée à des chefs mécaniciens, comme cela existe déjà pour la plus grande partie des services de cet Etablissement.

Les préposés de Limoges se trouvent lésés, comparativement à leurs collègues des Manufactures, puisqu'ils ne peuvent pas (du moins quant à présent) aspirer au-delà du grade de contremaître principal.

En créant pour eux les deux emplois de chef de section demandés, notre Administration comblerait une lacune, et ferait œuvre équitable.

Manufactures d'allumettes

Les préposés des Manufactures d'allumettes ne demandent la création d'emplois de chef de section qu'en ce qui concerne le service général.

Nous demandons à l'Administration de vouloir bien elle-même enquêter sur ce point, et d'apprécier quels sont ceux de ces Etablissements où le service général atteint une importance égale au service semblable des Manufactures de tabacs, afin que puisse leur être appliquée la réforme préconisée pour ces dernières.

Toutefois, sans vouloir entrer dans le détail des travaux incombant au service général des Manufactures d'allumettes, on peut affirmer, sans l'enquête préalable réclamée plus haut, que leur importance justifie la création d'un emploi de chef de section. Création demandée d'ailleurs depuis plusieurs années par le directeur d'un de ces Etablissements, sis dans le département de la Seine.

CONCLUSION

En résumé, cette étude ne tend rien moins qu'à solliciter la création d'un certain nombre d'emplois de chef de section pour qu'un plus grand nombre de préposés puissent prétendre à ce grade.

La proportion des emplois de chef de section est d'environ 1,9% de l'effectif des préposés, proportion insuffisante, si l'on songe qu'en principe, tous les préposés ou à peu près sont aptes à remplir ces fonctions.

Tous aspirent à obtenir le maximum de ce que leur réserve l'Administration, et seuls quelques favorisés réussissent à atteindre ce maximum. C'est bien le cas, en l'occasion, d'employer la locution proverbiale « Il y a beaucoup d'appelés, mais peu d'élus ».

En créant un emploi de plus au service général, en substituant dans tous les services, des titulaires aux faisant fonctions, si l'on ne permet pas à tous les préposés de devenir chefs de section, tout au moins augmente-t-on leurs chances, et donnera-t-on plus de réalité à une espérance qui, pour le plus grand nombre, se perd dans le néant des chimères.

Suppression du concours de chef de section

Cette demande de suppression du concours remonte déjà à plusieurs années. Elle s'est manifestée à la suite des tendances de l'Administration à choisir ses chefs de section parmi les jeunes contremaîtres, au détriment des contremaîtres principaux et de 1re classe.

Ces tendances ont pour résultat de réduire énormément les vacances, et par cela même, de supprimer, pour beaucoup d'agents, les chances d'accès à cet emploi.

Le poste de chef de section est le but poursuivi par tous ceux qui aspirent à obtenir le maximum de ce que donne l'Administration, et à ce sujet, nous ferons remarquer combien, depuis quelques années, ce titre est difficile, ou plutôt long à obtenir pour ceux qui sont amenés à en bénéficier. Témoin, le grand nombre de faisant fonctions.

***

Aux termes du règlement, le poste de chef de section est donné au plus méritant des trois contremaîtres, choisis par le conseil de l'Etablissement, quelle que soit la classe à laquelle ils appartiennent, à condition qu'ils comptent au moins deux ans d'ancienneté dans la 3e classe de ce grade. Mais il est une exception à cette règle, car le règlement ajoute : que dans certains cas spéciaux, un seul contremaître pourra être appelé à subir l'examen.

Si nous envisageons un instant le maintien du concours, dont nous demandons la suppression, nous protestons énergiquement contre l'examen limité à un seul candidat, car la nomination de ce dernier au grade de chef de section, paraîtra toujours, à tort ou à raison, entaché de favoritisme. Aussi, voudrions-nous toujours voir trois contremaîtres appelés à subir le concours.

Nous protestons aussi contre le stage qui est imposé au candidat admis, lorsque ce dernier est seulement contremaître de 3e, 2e et voire même de 1re classe. Avant d'être titularisé définitivement dans cet emploi de chef de section, il devra franchir toutes les classes qui lui restent à parcourir dans le grade de contremaître, avec une bonification d'ancienneté, c'est vrai, mais n'empêche que ce stage est trop long et qu'il lèse l'intéressé.

Il y a donc là une injustice, non seulement parce que l'Administration y voit une économie à réaliser, mais encore parce qu'elle nous prive d'un avancement légitime, en immobilisant des crédits devenus disponibles par suite du départ de l'ancien titulaire.

Une autre raison milite en faveur de la réduction de stage imposé, c'est que le prestige du chef réside essentiellement dans la possession intégrale de son grade.

Tels sont les errements que nous voudrions voir cesser, si l'état de choses actuel devait se continuer.

***

Le concours de chef de section a été condamné par les Congrès successifs depuis 1903. Nous allons nous efforcer d'en démontrer clairement les raisons et les causes.

Ce concours à un, deux, trois concurrents, n'a jamais été pris au sérieux par les préposés, et pas davantage par les directeurs et ingénieurs qui ne voyaient en lui qu'une simple formalité à remplir. Il serait bien plus simple, bien plus logique, que nos chefs choisissent, sans concours, le candidat qu'ils apprécient le mieux, en limitant leur choix, pour sauvegarder les droits acquis, aux contremaîtres principaux ou de 1re classe, et à défaut aux plus anciens contremaîtres existant dans l'Etablissement. Mais cette éventualité ne se présenterait que très rarement, pour ne pas dire jamais, attendu que, dans chaque Etablissement, il y a toujours plusieurs agents appartenant aux deux premières classes de contremaîtres.

Nous devons relater que la commission chargée de l'élaboration du statut du 11 janvier 1908, était mal renseignée à cet égard, puisque M. Berdin, membre de cette commission et alors chef du personnel, déclarait à nos représentants que la commission n'avait pu adopter notre vœu, car les chefs d'Etablissements se seraient souvent heurtés à l'impossibilité de trouver des candidats parmi les seuls contremaîtres principaux et de 1re classe. L'Administration ne pourrait donner satisfaction sur ce point qu'au cas où nous accepterions que le choix put porter sur l'ensemble des contremaîtres principaux et de 1re classe de toutes les Manufactures et de tous les Magasins.

Cet argument est absolument erroné, et l'Administration, qui peut prendre des renseignements auprès de ses directeurs locaux, sait aussi bien que nous, que dans ses Etablissements, même pris isolément, les bons candidats à l'emploi de chefs de section ne font pas défaut, tout en étant pris exclusivement dans le grade de contremaîtres principal et de 1re classe.

Avec les exigences du personnel ouvrier, ce qu'un bon chef de section doit surtout posséder, c'est de l'intelligence, du tact et de l'initiative. Or, le résultat d'un concours comptant même tous les contremaîtres, quelle que soit la classe à laquelle ils appartiennent, ne donnera jamais aucune garantie à ce sujet.

Le plus instruit peut parfaitement bien être celui qui possèdera le moins de tact et d'initiative.

C'est donc dans le cours de sa carrière, dans les différents postes où il est passé, qu'on doit juger un préposé, et non d'après le résultat des compositions.

Tel préposé pourvu d'une instruction tout à fait élémentaire, peut avoir autant d'aptitudes professionnelles, autant de connaissances générales, qu'un autre agent ayant des connaissances très étendues.

On nous objectera qu'il y a justement des notes pour favoriser un agent possédant toutes les qualités requises et qu'en palliant, dans une certaine mesure, à l'insuffisance de son instruction, elles lui permettront d'être reçu au concours. A cette objection, nous répondrons simplement ceci : puisque les seules aptitudes professionnelles de cet agent lui valent d'accéder à l'emploi de chef de section, pourquoi ne pas l'appeler à ces fonctions sans lui infliger l'ennui d'un concours auquel il refusera, presque toujours, de se présenter, afin de s'éviter un échec qui pourrait lui être causé par son insuffisance relative en matière d'arithmétique ou de géométrie, comparativement aux connaissances plus étendues de ses collègues. Nous pouvons dire que son action sur le personnel au lieu d'être stimulante, est décourageante.

Le concours, avec ses chances, ses indications insuffisantes, risque d'écarter de cet emploi des agents qui pourraient rendre de grands services, et les inconvénients de ce mode de sélection sont considérables, parce que l'on considère ce genre d'épreuves comme le criterium de la valeur d'un préposé. Le tact, l'initiative, la sagacité, la sûreté de jugement, en un mot, les qualités professionnelles nécessaires ne savent cependant guère se faire valoir dans des compositions.

Avec la suppression des concours, et c'est là le point capital que nous avons envisagé, les vacances, en limitant le choix aux classes supérieures de contremaitres, ne resteront plus, dans la plupart des Etablissements, quinze, vingt ans et même davantage, sans se produire, et ce au grand détriment de bons préposés, parce que, avec les errements actuels, les emplois de chef de section sont occupés par de jeunes agents.

L'Administration trouvera encore, en procédant de la sorte, des agents dont la mémoire infidèle n'aura peut-être pas gardé assez longtemps les souvenirs de l'école, et qui seront des praticiens de grande valeur, et qui feront, souvent, de meilleurs chefs de section que les plus instruits de leurs jeunes collègues.

C'est l'expérience qui nous dicte ces paroles, car il faut qu'on le sache bien, le métier de chef de section est un métier comme un autre, qui ne s'apprend qu'en l'exerçant. Nous souhaitons donc que l'avancement soit donné dans ce grade, à l'ancienneté et à la capacité professionnelle.

***

Dans un autre ordre d'idées, le concours qui nous est imposé est arbitraire. N'avons-nous pas subi à notre entrée dans l'Administration un concours suffisant, prouvant que nous sommes aptes à remplir les fonctions que l'on exigera de nous dans le cours de notre carrière? N'est-ce pas sur ce principe que s'est basée l'Administration lorsqu'elle à supprimé le concours pour passer contremaître? Les contremaitres actuels sont-ils moins bons que les anciens? Nous ne le pensons pas.

Cette première réforme a donc besoin d'être complétée, car nous estimons que dans une même Administration, et pour les agents d'une même catégorie, l'avancement doit être régi de la même façon.

Les employés commissionnés ont accès au grade de contrôleur, sans concours. Ils sont simplement jugés sur les notes dont ils ont été l'objet au cours de leurs fonctions. Seul le concours d'entrée dans l'Administration leur permet de parcourir tous les grades sans subir de nouvelles épreuves de capacité.

Le texte du décret concernant les employés commissionnés, est en effet, ainsi conçu :

« En raison du mode de recrutement de ce personnel et des aptitudes variées dont ils sont tenus de faire preuve dès le début de leur carrière, tout choix serait forcément arbitraire. Les fonctionnaires du cadre technique obtiendront à l'ancienneté leurs diverses promotions, sauf, bien entendu, ceux qui viendraient à démériter ».

Ce décret est appliqué dans toutes les administrations, aux postes et télégraphes, dans les contributions indirectes, etc., où tous les agents d'une même catégorie ont accès, sans concours, au plus haut grade de cette catégorie, sauf peut-être dans l'enregistrement, où le même décret, dont nous allons citer le texte, parce qu'il plaide en faveur de notre thèse, reconnait l'utilité du concours :

« Dans l'enregistrement, par exemple, la nécessité de connaissances juridiques étendues, conduit à faire passer par le crible du concours, les agents qui demandent à franchir les degrés de la hiérarchie. Il est, en effet, indispensable de s'assurer qu'ils connaissent la technique de leur métier, et qu'ils se sont soigneusement tenus au courant de la jurisprudence. Dans telles autres administrations, au contraire, où les agents doivent faire preuve, moins de connaissances étendues que d'initiative, de jugement, de tact, on ne saurait, sans inconvénient, généraliser le régime des concours ».

Nous ne pourrions mieux dire, et dans cet esprit, il semblerait tout naturel que le concours soit nécessaire aux employés commissionnés de l'Administration des tabacs, aspirant à l'emploi de contrôleur, pour justifier leurs connaissances étendues en jurisprudence.

Mais nous, préposés, qui avons passé vingt à vingt-cinq ans à diriger le personnel ouvrier, ce brevet n'est-il pas suffisant et n'avons-nous pas montré assez d'initiative, de jugement, de tact, qui à défaut de connaissances étendues sont indispensables aux chefs de section ? Ne pourrait-il pas suppléer à un concours qui n'offre en somme que des garanties tout à fait insuffisantes ?

L'opinion de M. Caillaux, ancien ministre des finances, était bien conforme à l'esprit de ce décret, puisque, comme suite à l'exposé des motifs inséré au *Journal Officiel* du 4 février 1907, relatif à l'organisation du personnel commissionné des régies financières, il fit signer un décret décidant que :

« Désormais, pour passer d'un grade à un autre, le choix ne pourrait porter que sur des agents du grade ou de la classe immédiatement inférieurs.

Il n'y a donc aucune raison pour que, seuls, nous fassions exception à la règle régissant actuellement la généralité du personnel des administrations financières.

⁂

Pour toutes ces raisons, nous pensons que l'Administration voudra bien prendre en considération le vœu suivant, renouvelé à tous les Congrès qui ont eu lieu depuis 1906, et adopté à l'unanimité des délégués :

« Le Congrès émet le vœu que le concours pour le grade de chef de section soit supprimé. Cet emploi sera attribué, d'après l'ancienneté, dans les classes de contremaîtres principaux et de 1re classe, aux préposés reconnus aptes à en remplir les fonctions.

» Si des concours de chefs de section doivent avoir lieu avant que cette réforme soit accomplie, le Congrès prie l'Administration de bien vouloir remplacer le concours actuel par un concours purement technique se limitant à la fabrication et à la comptabilité intérieure des Manufactures ».

On nous demandera peut-être comment opérer une sélection absolument impartiale parmi les contremaitres principaux et de 1re classe, pour leur nomination éventuelle à l'emploi de chefs de section. Nous pourrions répondre que pour cela, nous nous en rapportons à la sagacité et à l'esprit de justice des employés supérieurs qui, jusqu'à ce jour, ont désigné les candidats à leur choix, aussi, ne donnons-nous qu'à titre d'indication, la méthode suivante :

« L'ingénieur, dans chaque Etablissement, pourrait désigner un préposé par section, le plus ancien, de préférence, pour se familiariser avec les travaux du chef de service. Cet agent remplacerait, en cas d'absence, le chef de section d'un façon régulière. La direction y gagnerait à tous les points de vue. Ce serait, en outre, le meilleur moyen de reconnaître les qualités de plusieurs agents, que le hasard a parfois placés dans des conditions très défavorables et qui n'ont jamais été appelés à démontrer qu'ils pouvaient faire preuve d'activité et d'initiative.

Dans le cas où l'agent ainsi désigné ne serait pas à la hauteur de la tâche qui lui a été confiée, il serait remplacé par un de ses collègues.

Cette méthode, mise en vigueur, donnerait d'excellents résultats, elle permettrait aux employés supérieurs de préparer une pépinière de chefs de section qui, dans l'avenir, seraient pour eux de précieux auxiliaires.

Les directeurs locaux connaissent longtemps à l'avance les agents aptes à remplir ces fonctions, puisqu'ils sont invités par l'Administration, à mentionner dans les notes signalétiques de fin d'année, les préposés qui pourraient être appelés à devenir chefs de section (lettre commune 92/17 du 30 mai 1908).

Administration et directeurs ont donc, à leur disposition, tous les éléments nécessaires pour pouvoir désigner à l'ancienneté, et en toute connaissance de cause, les candidats à ce grade.

La cause que nous défendons est juste, aussi sommes-nous persuadés que M. le Directeur général examinera avec la plus grande bienveillance cette question de la suppression du concours, qui avait peut-être sa raison d'être voilà quelque quarante ans, alors que les préposés étaient avant tout des ouvriers sachant un peu lire et un peu écrire; mais de nos jours, il est devenu parfaitement inutile, si l'on tient compte que, comme dans toutes les classes de la société, le niveau intellectuel a augmenté dans une assez forte proportion chez les préposés.

Congés de faveur ou d'affaires

L'article 16, § 1er, du décret du 9 novembre 1853, stipule que, dans le cours de chaque année (comptée du 1er janvier au 31 décembre), les fonctionnaires et employés peuvent obtenir des congés ou des autorisations d'absence pour quinze jours, sans subir de retenue, et qu'un congé d'un mois sans retenue peut être accordé aux employés qui n'ont joui d'aucun congé, ni d'aucune autorisation d'absence pendant trois années consécutives.

Le § 2 du même article ajoute que : « pour les congés de moins de trois mois, la retenue est de la moitié au moins et des deux tiers au plus du traitement ».

Le § 3 dit qu' « après trois mois de congé consécutifs ou non, dans la même année, l'intégralité du traitement est retenue et que le temps excédant les trois mois n'est pas compté comme service effectif pour la pension de retraite ».

Enfin, le § 4 est ainsi conçu : « Si pendant l'absence de l'employé, il y a lieu de pourvoir à des frais d'intérim, le montant en sera précompté jusqu'à due concurrence, sur la retenue qu'il doit subir ».

***

Les fonctionnaires et employés régis par la loi de 1853 sur les pensions civiles, peuvent donc obtenir chaque année des congés d'affaires ou de faveur de quinze jours, sans subir de retenue, et même des congés de moins de trois mois, avec retenue de la moitié au moins ou des deux tiers au plus du traitement, tout à fait indépendants des congés de maladie, alors que les préposés, qualifiés eux aussi de fonctionnaires, ne peuvent obtenir que des congés annuels ne dépassant pas quinze jours et encore que s'ils ne donnent lieu à aucune dépense d'intérim; des congés à demi-traitement, il n'est même pas question.

Il résulte de ces dispositions, que là, où les exigences du service ne permettent pas aux préposés, trop peu nombreux, de pouvoir se remplacer mutuellement pendant quinze jours, on en est réduit à appliquer le passage de la lettre commune du 22 janvier 1906, no 580, qui prescrit d'établir un roulement, de façon que tous les préposés, sans distinction, jouissent d'un congé de faveur de quinze jours dans une période maxima de trois ans.

Et comme plus les préposés ont de travail dans leur service, moins il leur est facile de se remplacer mutuellement, mais plus aussi, ils ont de droits à obtenir quelques jours de repos, il en découle naturellement que les congés ne devraient pas être subordonnés à la facilité plus ou moins grande qu'on a de remplacer le permissionnaire, et qu'ils devraient d'autant mieux être accordés, qu'il en résulte ou non un supplément de dépenses pour l'Administration, que pour les fonctionnaires et employés, l'Etat accorde toujours ces congés sans se soucier des frais supplémentaires d'intérim.

Les fonctionnaires, au sens propre du mot, qui partent en congé, sont en principe remplacés, alors que les préposés enfermés toute l'année, pendant neuf heures par jour dans des ateliers reconnus essentiellement insalubres, ayant en temps ordinaire une tâche quotidienne très lourde, sont obligés, pendant la période des congés, de voir cette tâche s'accentuer encore dans des proportions excessives pour pouvoir jouir de quelques jours de repos, puisqu'ils sont obligés de se grouper à plusieurs pour faire en plus de leur besogne ordinaire, le travail incombant à leur collègue absent !

Les préposés valides, encouragés par l'espoir de jouir à leur tour d'un congé de quelques jours, ne parviennent même pas toujours à accomplir facilement un pareil tour de force, surtout dans les Etablissements où les préposés sont peu nombreux.

Mais ceux qui sont déjà fatigués par l'âge ou par la maladie ne peuvent que très rarement se charger d'un tel supplément du travail, et arrivent, en raison de ce surmenage imposé, à solliciter quelquefois des congés de maladie qui compliquent encore souvent une situation déjà des plus tendues.

Le seul moyen d'améliorer cette situation, c'est de mettre fin aux errements suivis jusqu'à ce jour, et à donner, là où cela est reconnu indispensable, les éléments nécessaires pour assurer la suppléance des préposés qui, après tout, sont des fonctionnaires, des employés comme les autres, et qui doivent avoir les mêmes avantages, au point de vue des congés, que ceux régis par la loi de 1853.

L'Administration avait du reste eu l'idée, il y a plusieurs années, de nous accorder ces avantages, et c'est avec regret, semble-t-il, que dans sa lettre du 22 janvier 1906, elle déclare « qu'elle se trouve obligée d'ajourner la réalisation des intentions qu'elle avait manifestées » à propos du droit à des congés de quinze jours, en faveur de tous les préposés.

Mais depuis quatre ans, cet ajournement devrait avoir pris fin, et il nous semble qu'il est temps de lui rappeler le vœu suivant, voté à l'unanimité par le Congrès de 1906 : le Congrès, convaincu que les motifs qui ont obligé l'Administration à ajourner la réalisation complète des intentions qu'elle avait manifestées au sujet des congés, ne sauraient constituer pour longtemps un obstacle insurmontable, émet le vœu que dans tous les Etablissements, chaque préposé puisse jouir d'un congé annuel de quinze jours, sans retenue de gages.

Et pourquoi ne pourrions-nous pas obtenir, nous, comme les employés commissionnés qui travaillent à côté de nous, des congés à demi-solde, d'une durée ne dépassant pas trois mois, lorsque le congé annuel sans retenue est expiré.

Il faut bien estimer que nous avons des affaires personnelles, qu'il nous arrive quelquefois d'avoir besoin de plus de quinze jours de congé, car nous pouvons avoir des parents à visiter, des intérêts à surveiller, des affaires enfin, qu'il nous faut absolument régler à des jours déterminés.

Nous demandons donc que, comme pour tous les fonctionnaires et employés, les congés de moins de trois mois dont nous puissions avoir besoin après avoir obtenu notre congé annuel de quinze jours sans subir de retenue, ne subissent que la retenue de moitié au moins et deux tiers au plus de notre traitement.

***

Il est encore un genre de vœu que nous avons formulé dans nos Congrès, c'est celui « que les journées d'absence d'une dame préposée en couche n'entre pas en ligne dans le décompte des journées de maladie de cette préposée ».

Ainsi que nous l'avons fait remarquer, il importe que cette période exceptionnelle ne soit pas comptée comme temps de maladie, et ce principe est d'ailleurs admis pour les ouvrières de nos Etablissements, lesquelles, quelle que soit leur situation, au point de vue de l'assistance, en cas de maladies, reçoivent l'indemnité entière pendant un mois.

La loi du 15 mars 1910 n'accorde-t-elle pas, du reste, un congé de deux mois avec traitement entier en dehors des congés pour maladie aux institutrices en couche ? Pourquoi cette mesure n'est-elle pas étendue à toutes les dames employées de l'Etat ?

⁂

Il est une autre sorte de congé, congé sans solde, celui-là, que nous désirerions nous voir accordé.

L'article 27 du décret du 14 janvier 1908 stipule en effet, que les préposés mis en disponibilité après six mois de maladie, ne pourront être remis en activité après guérison dûment constatée, **qu'en raison des places disponibles, sans garantie de délai ni de résidence.**

Le changement de résidence entraine toujours de grosses dépenses qui viendraient bien mal à propos à la suite d'une longue et souvent coûteuse maladie, de plus, en changeant le préposé à moitié guéri, du milieu dans lequel il vivait, des parents et des amis dont il était entouré, ce changement serait plutôt de nature à affecter son moral, et à retarder son complet rétablissement, enfin ce changement, aussi bien que celui dont il est parlé dans l'article 14 du décret du 14 janvier 1908, devraient être exclusivement considérés comme l'une des peines sévères du second degré, applicables seulement aux manquements graves dans le service.

Lors d'une entrevue avec les représentants des préposés, en 1902, M. le Directeur général des Manufactures de l'Etat, avait bien promis que le malade serait réintégré dans son grade et dans la place qu'il occupait dans l'Etablissement, mais qu'il était bien entendu que le temporaire qui l'aurait remplacé devrait lui céder la place.

Nous insistons donc pour que l'Administration tienne la parole donnée en 1902, et que, soit au moyen de congés sans solde, à l'expiration des six mois de maladie, soit de toute autre façon, elle accomplisse, sans bourse délier, un acte humanitaire qui nous ferait plaisir à tous, en décidant qu'au moyen de surveillants auxiliaires ou temporaires, occupés à titre tout à fait provisoire, et qui, en aucun cas, ne pourraient se prévaloir de leur intérim pour être pourvus d'un emploi permanent (lettre commune n° B-2, 2e série, n° 1274 du 10 février 1906).

Les préposés malades seront certains de recouvrer immédiatement après leur guérison, et quelle qu'ait été la durée de leur absence, **dans l'Etablissement même où ils étaient occupés,** la situation qu'ils avaient au moment où la maladie les a forcés à interrompre leur service.

C'est seulement après une interruption de travail de vingt-quatre mois consécutifs, que la radiation des cadres des ouvriers et ouvrières est opérée, avec stipulation que l'agent rayé dans ces conditions sera immédiatement réintégré, après avis favorable du médecin de l'Etablissement. (Art. 2, § 22 du règlement ministériel du 8 février 1906, concernant l'assistance des ouvriers en cas de maladie).

Mais une circulaire du 1er octobre 1909, no 149, 2e série, crée maintenant pour eux, la situation nouvelle dite de (radiation provisoire) et décide, que si l'interruption de service pour cause de maladie dure une troisième année, c'est seulement pendant cette troisième année que le malade sera placé dans la situation de (radiation provisoire) pour n'être rayé définitivement qu'après une absence *ininterrompue* ne pouvant excéder trois ans.

Cette même circulaire accorde aux ouvriers de nos Etablissements, sous ce titre de (radiation provisoire), une situation analogue à celle de la disponibilité prévue pour les fonctionnaires et leur donne la certitude d'être réadmis dès la première vacance.

De plus elle leur reconnait le droit de prétendre à des congés, pour affaires personnelles, de quatre mois, et à des congés de six mois renouvelables, dans la limite d'une durée totale de deux ans, pour soins à donner à un parent malade, ou pour élever un enfant. Ces congés ne comportent pas pour eux, cessation des droits à la retraite. Pourquoi pareilles mesures n'ont-elles pas été prises à l'égard des préposés? D'autre part, le décret du 12 août 1909, concernant la radiation des contrôles des employés civils des Etablissements militaires, ne contient-il pas les articles suivants, dont nous désirerions que l'application nous soit faite :

« Art. 1er. — La radiation des contrôles pour absence prolongée par suite de maladie est prononcée, lorsque au cours d'une période de dix-huit mois, l'intéressé n'a pas accompli au moins trente jours consécutifs de travail effectif.

» La durée de cette période est portée à deux ans, lorsque l'intéressé compte au moins quinze ans de services continus, et qu'il n'a pas encore reçu application du paragraphe précédent.

» Art. 2. — Les ouvriers et employés rayés des contrôles par application du décret du 22 avril 1908, modifié comme il est dit à l'art. 1er du présent décret pourront être réintégrés si, dans le délai de deux ans, à partir de la date de la radiation, il a été procédé à un examen médical conformément aux prescriptions du § 3 du décret du 22 avril 1908, et que de cet examen, il résulte que les ouvriers ou employés sont guéris et en état de reprendre le service auquel ils étaient occupés. »

Une simple douleur sciatique qui ne réapparaîtra plus jamais, peut quelquefois vous interdire de reprendre votre service pendant sept à huit mois consécutifs, il serait donc inhumain, pour une raison semblable, de rayer le préposé malade, juste après six mois de maladie, et de le faire attendre ensuite, pour le réintégrer, qu'une nouvelle vacance se produise quelque part, et que cette vacance se produisant ailleurs, le changement de résidence lui impose encore des frais considérables, et nuise à la surveillance des intérêts au milieu desquels il était placé.

Qu'on ne le paie pas après six mois, rien de plus juste, mais au moins qu'on ne le raye pas, non plus, ni qu'on ne le change pas de résidence une fois guéri, puisqu'on peut toujours le remplacer par un préposé auxiliaire ou temporaire, qui coûtera moins cher à l'Etat.

Voilà ce que nous demandons.

Le préposé n'a pas démérité parcequ'il a été malade pendant plus de six mois, il ne doit donc pas être puni, et pour nous, préposés d'origine civile, qui avons été recrutés spécialement pour le service d'un Etablissement déterminé, tout changement de résidence non sollicité, constitue une punition.

Bonification d'ancienneté pour services militaires

(Circulaire 90)

Aux termes du décret du 11 novembre 1903, dont les conditions sont déterminées par l'arrêté ministériel du 14 juin 1905, il est accordé aux agents des administrations de l'Etat, une bonification d'ancienneté pour services militaires, d'une durée égale à la moitié de ces services, à condition qu'ils aient été effectués conformément aux dispositions de la loi du 15 juillet 1889.

Décret du 11 novembre 1903. Art. 1er. — Le temps passé sous les drapeaux pour l'accomplissement du service militaire, par les agents et sous-agents de l'Etat, ainsi que pour les employés et ouvriers des Etablissements industriels de l'Etat, soit avant, soit après leur admission dans les cadres, est compté pour l'avancement, dans la proportion de la moitié de sa durée lorsqu'il est fait état de l'ancienneté des services.

Toutefois, les services militaires antérieurs ne sont comptés que si l'admission dans les cadres a été demandée pendant l'année qui a suivi la libération de l'ancien militaire ou si le candidat s'est présenté au premier concours ouvert après l'expiration de ladite année.

***

Lorsque le Parlement adopta les dispositions contenues dans le décret précité, il ne pensait certes pas que l'arrêté qui devait régler les détails de son application, contiendrait des restrictions telles, que celles-ci devaient donner naissance à la plus criante des injustices.

Le législateur n'a pas voulu qu'une situation différente soit faite à des agents qui ont tous payé l'impôt du sang, aussi, n'a-t-il fait aucune différence entre l'agent qui a servi sous la loi de 1872 et celui qui a servi sous celle de 1889.

Nous devons dire que dans les autres ministères, les arrêtés ministériels ne sont pas aussi restrictifs, et notamment aux travaux publics, aux postes et télégraphes, où tous les agents, sous quelque loi qu'ils aient servi et à quelque grade qu'ils appartiennent, obtiennent ou ont obtenu la bonification d'ancienneté à laquelle ils avaient droit.

Il existe peut-être de grandes difficultés pour étendre le bénéfice de l'arrêté pris par M. le Ministre des finances, le 14 juin 1905. On a sans doute voulu, par esprit d'économie, assigner une limite de rétroactivité au décret de 1903, et cette limite a été fixée à la loi militaire de 1889.

Mais n'aurait-on pu faire quelques exceptions, n'aurait-on pu accorder aux agents dont la situation n'est pas bien définie, ni par le décret, ni par l'arrêté, le bénéfice du doute? Par exemple, lorsqu'un employé se trouve avoir été incorporé par la loi de 1872 et libéré par celle de 1889, y a-t-il les mêmes motifs de lui refuser la bonification d'avancement que le législateur a voulu lui assurer? On peut en douter. Aussi, nous permettons-nous d'attirer d'une façon toute particulière l'attention de l'Administration sur ce point.

Le deuxième alinéa de l'art. 1er du décret du 11 novembre 1903 est du plus pur arbitraire et donne lieu à des injustices si grandes, que des protestations unanimes se sont élevées contre son application.

Que dit-il en effet?

« Que les services militaires ne seront comptés que si l'admission dans les cadres a été demandée pendant l'année qui a suivi la libération de l'ancien militaire, ou s'il a passé le premier concours ouvert après l'expiration de la dite année ».

Est-il juste que le mérite d'un agent soit contrebalancé par la chance d'une inscription hâtive? Est-il raisonnable d'accorder une bonification d'ancienneté à celui qui a fait sa demande le 365e jour après sa libération et de la refuser à celui qui ne l'a faite que le 366e? Est-il admissible que deux agents entrés en même temps au service de l'Administration, ayant les mêmes aptitudes, déployant le même zèle, la même activité et possédant les même notes, l'un, grâce à la chance de cette inscription hâtive, distance son collègue de dix-huit mois d'ancienneté, par conséquent d'avancement?

Et si ce privilégié est moins méritant, ou qu'il soit entré quelques mois plus tard que son collègue dans l'Administration, il le distancera quand même, ou tout au moins, se maintiendra à son niveau.

Ces choses paraissent incroyables, mais malheureusement, elles existent et lèsent un grand nombre de préposés dans leurs intérêts les plus chers.

A côté de cet illogisme, il existe un cas typique non moins injuste.

Il y a, parmi le personnel des préposés, des agents qui, quoique ne s'étant pas fait inscrire dans la première année qui a suivi leur libération, n'en ont pas moins passé le premier concours qui eut lieu après leur retour du régiment. Malgré cela, on leur refuse, ou plutôt on leur a refusé le bénéfice de la bonification d'ancienneté. Et cependant, le deuxième alinéa de l'art. 1er du décret précité, impose clairement deux conditions pour l'obtention de ce bénéfice :

1o Si l'admission dans les cadres a été demandée pendant l'année qui a suivi la libération de l'ancien militaire, ou et c'est là la partie que nous considérons comme la deuxième condition à remplir;

2o Si le candidat s'est présenté au premier concours après l'expiration de la dite année.

Le refus de faire bénéficier de la bonification d'ancienneté les agents dont nous venons de citer le cas, n'a dû être fait que par suite d'une fausse interprétation du texte du décret. Nous pensons qu'il aura suffi de signaler ce défaut d'interprétation à l'Administration pour qu'elle procède à une enquête à la suite de laquelle elle accordera satisfaction à ses préposés lésés.

***

On peut constater, par ce qui précède, que la circulaire 90, portant règlement sur la question, a subi, dès son apparition, une réprobation générale, et qu'elle est condamnée, chose excessivement rare, par les bénéficiaires eux-mêmes. Celui qui l'a élaborée a cru bien faire, sans doute, mais il n'a certainement pas réussi, et la modification de son œuvre s'impose dans le plus bref délai, sous peine de voir se continuer le préjudice qui est causé à un assez grand nombre de préposés et, par conséquent, consacrer une injustice. Ce décret du 11 novembre 1903 accorde à certains d'entre nous, en dehors de toute valeur professionnelle, des avancements qui porteront d'un bout à l'autre de leur carrière. Les conséquences fatales de son application sont de favoriser les uns, et maltraiter les autres; cependant, si nous sommes inégaux devant le décret, nous sommes égaux en zèle, en dévouement et en besoins.

Devant ces considérations, les différents Congrès se sont occupés des modifications à apporter, tant au décret qu'à l'arrêté ministériel du 14 juin 1905, et nous devons mentionner ici, le vœu qui, à différentes reprises, a été voté à l'unanimité.

« Le bénéfice de la bonification d'ancienneté pour services militaires sera étendu à tous les préposés ayant servi ou ayant été libérés sous la loi militaire de 1889, quel que soit le temps écoulé entre la libération et l'inscription ou l'admission. De plus, les délégués au Congrès prient l'Administration de bien vouloir étudier l'extension de ce bénéfice aux préposés ayant servi sous la loi de 1872 ».

Dans le cas où il serait impossible à l'Administration de solutionner elle-même la question entièrement, nous la prions instamment d'intercéder en notre faveur auprès de M. le Ministre des finances, et nous sommes persuadés qu'après lui avoir démontré la légitimité de nos désirs, il pourra, de concert avec la direction générale, modifier son arrêté, et faire reviser le décret. C'est une question de justice que personne n'hésitera à faire aboutir.

Ces doléances ont déjà été soumises verbalement à l'Administration, et M. Privat-Deschanel, avec sa bienveillance habituelle, avait reconnu qu'en effet, certains agents, aussi bien parmi nous que parmi les employés commissionnés, n'étaient pas appelés à bénéficier de cette bonification. Il nous avait promis qu'il tiendrait compte de la situation particulière des agents lésés, que leurs intérêts seraient sauvegardés vis-à-vis de leurs collègues moins âgés. Qu'il serait facile de nous accorder satisfaction sur ce point, si le retard apporté dans l'avancement des agents en cause n'était pas imputable à leurs notes signalétiques.

Malheureusement pour nous, M. Privat-Deschanel, en qui nous avions une entière confiance, a été appelé à d'autres fonctions, et sa promesse est restée lettre morte. Mais nous sommes convaincus que M. le Directeur général actuel aura à cœur de tenir la promesse à nous faite par son prédécesseur et que nous en ressentirons bientôt les bons effets.

Nous devons ajouter que la modification de l'arrêté ministériel du 14 juin 1905, de même que la réparation du préjudice causé aux agents cités d'autre part, ne présenteraient aucune conséquence pour l'avenir, puisque le recrutement des agents de notre catégorie s'opère maintenant exclusivement parmi les anciens sous-officiers.

Secours et Indemnités

Nous croyons nécessaire, au commencement de cette étude, de rappeler les principaux passages d'un discours prononcé au sujet des familles nombreuses.

Elles font appel à toutes les énergies pour réaliser les indispensables réformes et pour pousser le pays dans les voies du progrès social.

« Parmi les indispensables réformes qu'il appartient à notre démocratie de réaliser, il en est une qui occupe actuellement l'opinion publique, grâce au concours désintéressé de certains personnages qui ont bien voulu apporter à l'étude de cette intéressante question, le double appoint de leur compétence et de leur bonne volonté.

» Je viens de citer la question des familles nombreuses !

» Qui donc, de nos jours, ignore la situation trop souvent difficile imposée dans notre société contemporaine au chef du foyer ?

» Peut-on admettre que, dans une société bien constituée, un chef de famille qui travaille, n'ait pas de quoi vivre ?

» Ceux qui ont besoin de demander la nourriture, le logement, le vêtement, au travail recommencé chaque jour, connaissent par expérience combien il est difficile d'arriver à la conquête d'une situation qui leur permette d'entretenir bien modestement une poignée de vies humaines.

» A notre époque, on semble oublier qu'il y a un incontestable mérite à suivre, par un effort persévérant et tenace, la vocation familiale. Aujourd'hui, et ceci il faut le dire bien haut, le mariage n'est facile qu'à ceux qui, d'avance, renoncent systématiquement à s'entourer d'une nombreuse postérité ; or, tous ceux qui voudront bien réfléchir reconnaîtront qu'une pareille situation constitue un désordre, une perturbation, et tout ce qui, dans la société est un désordre, une perturbation, est, en un sens, un mal social.

» Voilà la question troublante !

» La société étant un organisme, tous les membres sont unis les uns aux autres, tiennent nécessairement les uns aux autres, et doivent s'assister les uns les autres.

» Il ne suffit pas de reconnaître qu'un certain nombre de familles se trouvent, par un concours de circonstances en dehors de leur volonté, dans une situation d'infortune et de misère absolument imméritée ; il faut aussi rechercher le remède et s'ingénier à l'appliquer.

» Il y a des hommes, et de nos jours, ce nombre augmente dans de notables proportions, qui en appellent constamment à l'action de l'Etat.

» A mon avis, je crois que l'on commet une erreur grossière quand on pose en principe que l'Etat est le sauveur par excellence et qu'il faut lui laisser tout faire ; mais j'estime que c'est également commettre une erreur non moins grossière que de prétendre que l'Etat est l'ennemi par excellence et qu'il n'y a rien à lui demander. Il me semble que, lorsque dans la société, on constate que quelque chose ne va pas, qu'il est du devoir de l'Etat de se faire le protecteur des opprimés et de réparer l'injustice dans la mesure de ses moyens. Cette question n'est-elle pas de nature à intéresser les pouvoirs publics, à une époque où tout le monde est unanime à reconnaître que l'on doit désormais abandonner le terrain de la politique pure, pour la remplacer dorénavant par une politique spécialement sociale et économique.

» Devant l'impuissance absolue de l'initiative privée, pour solutionner le problème, le rôle de l'Etat est et demeure nettement tracé. La vraie démocratie doit garantir à tous les citoyens les mêmes droits et la même justice et ce n'est certes pas commettre une bien grande exagération de langage que de prétendre que, dans la nomenclature des principaux droits, le droit à la vie devrait occuper une place prépondérante, sinon la première ».

Nous avons rapporté ici ces paroles, parce qu'elles sont la reproduction exacte de notre pensée, et qu'elles éclairent d'un jour tout nouveau, en délimitant nettement le rôle de l'Etat, cette question des familles nombreuses.

Les appointements n'ont pas suivi la progression constatée partout, dans la cherté des vivres, dans le prix des loyers, etc. Ils sont devenus insuffisants pour assurer la nourriture et l'entretien de la famille.

Pour le préposé, l'avancement est lent, les augmentations minimes.

Si les premières années du mariage lui donnent plusieurs enfants, les charges du ménage s'augmentent beaucoup plus vite que ses ressources, et il en résulte rapidement la gêne.

Survienne la maladie, ce seront bientôt les privations, ce sera la misère.

La question du logement, celle de l'impôt, celle de l'instruction à faire donner aux enfants, sont encore pour lui une source de préoccupations et de grands sacrifices.

Il en résulte que le chef de famille se trouve, avec ses modestes appointements, dans une situation constamment obérée. Ne serait-il pas possible de lui venir en aide ?

Diverses administrations ont déjà examiné la question avec une bienveillance toute particulière : la marine, les douanes, les postes et télégraphes, etc., ont admis que l'allocation pour charges de famille doit être régulière et proportionnelle, et établissent une distinction entre l'indemnité et le secours. Notre Administration, il faut lui rendre cette justice, et nous lui adressons ici le témoignage de notre reconnaissance, s'est déjà préoccupée de la question. Il est à désirer qu'elle ne s'arrête pas en chemin et qu'elle résolve la question dans toute son ampleur, en prenant l'initiative d'une répartition plus équitable et plus appropriée à nos besoins.

Cela lui est-il possible ?

C'est ce que nous allons examiner.

* * *

En 1902, l'Administration prescrivit l'étude de cette question « allocation de secours ». Une lettre commune plusieurs fois renouvelée depuis, parle des conditions dans lesquelles une indemnité proportionnelle au nombre d'enfants, pourrait être accordée aux préposés et ouvriers.

En 1903 et en 1904, comme suite à cette étude, elle a bien voulu accorder à quelques agents chargés de famille, une petite indemnité, mais rien, à cette époque, ne pouvait faire croire à l'application d'une règle bien déterminée, puisqu'elle allouait, sous la rubrique « secours », certaines sommes, aussi bien aux préposés chargés de famille, qu'aux agents nécessiteux.

Cependant, nous classions déjà au moment de ces premières répartitions, la question en deux parties bien distinctes :

1° Indemnités pour charges de familles;

2° Secours aux préposés nécessiteux.

Un agent peut, en effet, se trouver momentanément dans le besoin, parce qu'il a supporté ou qu'il supporte des calamités de toutes sortes. Son cas est donc bien différent de celui des pères de familles nombreuses et il mérite parfois, autant que ces derniers, aide et soulagement. D'autre part, un agent, père de nombreux enfants, peut avoir des droits à la sollicitude de l'Administration, sans, pour cela, être dans le besoin ou le dénuement.

C'est sous cette forme que nous présentâmes nos désirs à la direction générale.

En 1905, les mêmes errements se continuèrent, et de ce fait, l'Administration créait une situation ambiguë pour un grand nombre d'agents. Toujours sous la même dénomination, les secours avaient été bien distribués, mais d'une façon restreinte; il y eut des préposés délaissés, sur l'apparence trompeuse qu'ils n'avaient besoin de rien. On avait oublié que parmis nous, et cela était à l'honneur de la corporation, il y avait des préposés qui luttaient constamment avec les nécessités de la vie, qui peinaient, et qui, sous des dehors aisés, cachaient très souvent des situations embarrassées. Ceux-là étaient pères de nombreux enfants, et ils avaient une volonté farouche de ne pas laisser voir les revers dont ils étaient victimes. C'étaient des lutteurs opiniâtres.

Il nous appartenait de soulever le voile et de mettre à nu toutes ces plaies que la modicité de nos appointements rendait souvent plus profondes que dans beaucoup d'autres administrations.

Aussi, disions-nous, au cours d'une audience que M. le Directeur général voulut bien nous accorder : Complétez votre œuvre, élargissez le cercle de vos secours et de vos indemnités, de façon que personne ne soit oublié. Donnez à vos agents chargés de famille le droit à indemnité, ce qui leur permettra de vivre un peu plus comme des hommes, d'élever leurs enfants plus convenablement, de soigner un peu mieux leurs vieux parents, et de jeter ainsi un peu de joie dans leur intérieur. Ce droit, nous le réclamions pour tout agent ayant au moins trois enfants ou ascendants à sa charge.

En 1906, si les allocations furent plus étendues, le même mode de répartition réapparaît. L'Administration invitait, en effet, ses chefs de services à lui signaler les agents que leurs charges de famille auraient mis dans une situation nécessiteuse. C'est contre ce terme de *nécessiteux* qu'il nous fallut encore protester, en rappelant notre désir de voir établir une distinction entre le préposé chargé de famille et le préposé momentanément dans le besoin, entre le secours et l'indemnité.

Nous eûmes alors le très grand plaisir d'entendre la déclaration suivante de la part de M. Privat-Deschanel, nouvellement arrivé : « Sur votre demande, qu'une indemnité soit accordée à tout agent ayant au moins trois enfants ou ascendants à sa charge, sans que cette indemnité revête aucun caractère de secours, il me sera très facile de donner satisfaction au vœu des préposés ».

Hélas ! par suite du départ de M. Privat-Deschanel, cette promesse n'eut pas de suite, mais nous devons reconnaître qu'en 1907, 1908 et 1909, nous avons vu s'élever, dans des proportions très grandes, le nombre des bénéficiaires de secours. Il est vrai que l'attribution de ces allocations donna lieu à de tels abus, que nous crûmes devoir intervenir auprès de l'Administration pour les faire cesser.

Dans ce but, les sections adressèrent en 1908, au conseil d'administration de notre groupement, une liste des préposés susceptibles de recevoir une indemnité pour charges de famille; elles signalèrent en même temps, les agents qui se trouvaient *momentanément dans le besoin* et, par conséquent, susceptibles de recevoir un secours.

Une liste générale fut dressée et offerte à l'Administration; dans la circonstance, nous n'avions pas l'intention de nous substituer à l'enquête administrative, notre seul but était d'éviter le retour des faits si regrettables qui s'étaient produits au commencement de cette dernière année, faits que nous avons tous déplorés.

Cette liste fut acceptée par la Direction générale, mais malheureusement, il ne lui a pas été accordé toute l'attention désirable. Des instructions ont été données aux directeurs locaux, sans que, par condescendance, nos représentants en fussent avisés. Si encore ces instructions n'avaient pas détruit le principe admis les années précédentes, nous pourrions nous dispenser de faire remarquer une fois de plus, que les prérogatives dont nos représentants sont investis ont été méconnues.

Les nouvelles dispositions arrêtées par l'Administration ont fait l'objet d'une longue lettre commune, n° 75, du 9 janvier 1909, détruisant complètement celles prises précédemment par M. Privat-Deschanel, à savoir que tout agent ayant au moins trois charges devait être indemnisé.

Il résulte de cette circulaire, que les renseignements qui doivent être demandés aux représentants locaux de notre Association, se résument de la manière suivante :

1° Agents ayant trois charges de famille ou davantage; *(a)* dont la situation est gênée; *(b)* dont la situation, sans être gênée, est peu aisée;

2° Agents ayant moins de trois charges et dont la situation se trouverait momentanément assez précaire;

3° Agent signalés par l'Association et écartés des propositions formulées par les employés supérieurs.

En réponse à ce dernier paragraphe, nous devons dire que, jusqu'ici, aucune proposition formulée par l'Association n'a été écartée par les employés supérieurs, mais qu'au contraire, ce sont celles faites par ces mêmes employés supérieurs, qui font l'objet de nos justes et respectueuses critiques.

Aux termes de cette lettre, nous étions autorisés à penser que du fait d'avoir déploré, avec M. le Directeur général, la répartition de 1907, il en était résulté la suppression d'un avantage péniblement acquis.

Et cependant, dans notre protestation, nous envisagions tout simplement les charges de famille fictives invoquées par quelques agents peu scrupuleux, de même que sur le caractère permanent des secours qui ne devraient être accordés qu'accidentellement et dans des circonstances exceptionnelles.

Du fait de l'application de ces nouvelles dispositions, il résulte que les allocations accordées en 1908 ont été essentiellement basées sur des signes extérieurs. De là sont nées certaines difficultés d'appréciation dont il faut nécessairement tenir compte, et nous comprenons que les directions locales aient pu se trouver quelque peu gênées pour établir leurs listes.

Des situations identiques au point de vue pécuniaire peuvent en effet présenter des anomalies bizarres. Par un concours de circonstances, qu'il ne nous appartient pas de développer ici, un préposé chargé de famille peut se trouver dans une situation qui présente certains signes extérieurs grâce auxquels il sera établi que cet agent se trouve dans une situation qualifiée supérieure à celle de son collègue qui a cru devoir vivre sans souci du lendemain. La sollicitude administrative devra donc négliger l'agent qui aura su comprendre son devoir et sauvegarder sa dignité, pour exercer sa bienveillance à l'égard de celui qui s'est refusé à envisager les conséquences inévitables auxquelles il se trouverait un jour acculé.

Il ne faudrait pas que ces choses soient, mais malheureusement, elles existent et elles subsisteront tant que la répartition des secours ne sera pas réglementée conformément à nos vœux ; cela est tellement vrai que les abus auxquels a donné lieu la répartition de 1907 se sont reproduits en 1908 et plus près de nous, en janvier 1910.

Nous avons vu des choses choquantes, des choses qui peuvent paraître paradoxales.

Nous avons vu, en 1908, un préposé aux appointements de 1.550 francs, père de quatre enfants, recevoir une allocation de 100 francs, alors qu'un deuxième agent, aux appointements de 2.525 francs, n'ayant pas de charges de famille, recevait 140 francs. Nous pourrions multiplier ces exemples, ils existent dans tous les Etablissements.

Nous avons vu, à la répartition de 1909, payée en janvier dernier, des agents que nous affirmons n'être nullement dans le besoin, n'ayant qu'un ou deux enfants ou ascendants à leur charge, aux appointements respectifs de 2.820, 2.150, 1.500, ce dernier bénéficiant en outre d'une retraite au titre militaire, recevoir chacun 70 francs, sous le titre de secours aux préposés chargés de famille. Les mêmes avantages leur avaient déjà été accordés l'année précédente, et cependant, la lettre 175 n'envisage que les situations momentanément précaires. N'est-ce pas abusif, et ne sommes-nous pas autorisés à venir dire à l'Administration : Ecoutez-nous, mettez un terme à cette curée ?

***

Concluons :

Nous venons de démontrer que la répartition des secours aux préposés chargés de famille, telle qu'elle est faite depuis plusieurs années, est mauvaise. La responsabilité de cet état de choses incombe dans une certaine mesure aux employés supérieurs de chaque Etablissement, qui prêtent une oreille trop attentive à toute demande de secours.

Elle incombe aussi à l'Administration, qui, jusqu'ici, s'est refusée à réglementer cette institution selon nos vues. Certes ! nous lui savons gré de l'effort considérable qu'elle fait depuis cinq ans, pour venir en aide à ses préposés chargés de famille et à ses agents dans le besoin ; sur ce point, notre reconnaissance lui est acquise, mais son effort porte à faux, il ne peut donc donner les résultats que nous étions en droit d'en attendre.

En prenant nos vœux en considération, il lui sera facile de pouvoir rémédier aux abus que nous avons fait connaître, et alors seulement, cette noble institution des secours et indemnités pourra porter tous ses fruits.

C'est dans l'espoir d'atteindre ce but, qu'au cours de nos dernières assises, nous avons renouvelé et adopté à l'unanimité le vœu suivant :

« Le Congrès, poursuivant en cela le vœu émis à différentes reprises, demande énergiquement à l'Administration :

» 1° De bien vouloir allouer aux préposés, quelle que soit leur situation de fortune, ayant au moins trois enfants âgés de moins de 18 ans ou ascendants à leur charge, une indemnité régulière et proportionnelle au nombre d'enfants ;

» 2° De n'allouer aucun secours sans une enquête approfondie. Ils ne devront être accordés qu'accidentellement ;

» 3° De bien vouloir, enfin, indiquer au budget général, les sommes revenant aux préposés sur les crédits afférents aux institutions diverses, destinées à améliorer la situation des préposés et ouvriers.

» Le dédoublement de la somme totale formerait deux chapitres et deux articles bien distincts. En aucun cas, l'indemnité ou le secours ne pourra être supprimé par mesure disciplinaire. »

Ce vœu ne fera croire à personne que nous sommes insatiables, puisque, tout en ne nécessitant aucun nouveau crédit, il mettra un peu plus de clarté dans le budget des préposés.

Nous devons insister encore une fois sur la distinction très nette qui doit exister entre le secours et l'indemnité.

L'indemnité doit, comme dans d'autres Administrations, être un droit pour l'agent père d'une nombreuse famille. A l annonce de son obtention, ce dernier ne doit pas sentir la rougeur lui monter au front, comme il arrive toujours au reçu d'une aumône. Il doit en outre pouvoir compter sur son caractère permanent pour lui permettre d'équilibrer son budget familial.

En réclamant ce droit, nous sommes d'accord avec le Parlement et M. le Ministre des finances. Il n'y a qu'à se reporter, pour s'en rendre compte, à la discussion générale du budget de l'exercice 1909 où la question a été soulevée.

Le secours doit être donné à bon escient et dans de très rares circonstances seulement. Nous protestons de toutes nos forces contre les secours permanents qui sont une augmentation détournée des appointements.

De deux choses l'une, ou un agent est momentanément dans le besoin, ou il n'y est pas.

S'il n'y est pas, pourquoi lui allouer un secours qui, aussi minime soit-il, sera toujours superflu, et ce, au détriment des agents vraiment nécessiteux et chargés de famille ?

Si, au contraire, il est dans le besoin, dans la misère, par suite d'une longue maladie frappant lui ou les siens, d'un décès, de revers de fortune, ce n'est pas un modeste secours de 50 ou 70 francs qui pourra changer sa malheureuse situation. Est-ce avec cette somme infime qu'il pourra payer le médecin, le pharmacien et autres fournisseurs ? Non ! Pourra-t-il renouveler les objets de première nécessité, qui font besoin à lui et à sa famille ? Pas davantage ! Alors, pourquoi ne pas le secourir largement ?

Dans ces cas de profonde misère, et il y en a encore malheureusement, l'Administration doit tendre franchement, loyalement la main à son agent dans la détresse, en lui accordant, afin de le relever au niveau de ses camarades, un secours de 3, 4, 500 francs s'il le faut; nanti de cette somme, le préposé liquidera le passé. Dès lors, à l'abri des griffes empoisonnées de la misère, cet agent secouru, ne se considérant plus comme le paria de la Société, n'aura pour l'Administration que des paroles de remerciements et de reconnaissance.

Voilà comment nous comprenons l'allocation des secours et indemnités.

Quoiqu'elle s'y soit refusée jusqu'ici, nous voulons croire que l'Administration nous donnera satisfaction sur ce point.

Au début de cette étude, nous demandions s'il lui était possible de résoudre cette question dans toute son ampleur et de prendre l'initiative d'une répartition plus appropriée à nos besoins. D'après ce qui précède, nous pouvons répondre par l'affirmative. Puis, nous ne demandons qu'une chose juste et raisonnable. Pourquoi nous serait-elle refusée? De plus, la réalisation de nos aspirations ne dépasse pas le crédit actuel, elle ne nécessite qu'une répartition plus équitable.

L'Administration, il est vrai, aura pour celà, à faire preuve d'un peu de bonne volonté à notre égard, nous ne voulons pas supposer que cet effort puisse lui coûter.

Nous devons dire, en terminant, qu'il existe des choses que tous nous jugeons critiquables, et les dernières répartitions sont de celles-là,mais que l'on n'ose étaler au grand jour. Sachant qu'à ce mal il y a un remède, nous ne voulons pas appliquer aux secours permanents la formule qui consiste à dire : « Touchons-les toujours, mais n'en parlons jamais ».

Nous voulons au contraire en parler, car il se peut que nous ayons mal exprimé nos désirs et alors l'Administration, mieux renseignée, entrera plus facilement dans nos vues, en supprimant ces secours humiliants et rarement justifiés, car le secours ainsi compris, abaisse celui qui le reçoit, au lieu de le hausser, il atteint même, par une sorte de reflexe, la corporation toute entière.

Nous croyons que les abus de ces trois dernières années ne se renouvelleront plus.

En acceptant nos propositions, l'Administration tiendra mieux compte de notre dignité d'hommes et de préposés.

Lettre commune 120/20

Son retrait ou sa modification

A l'apparition de la lettre commune 120/20, aux termes de laquelle il est interdit aux préposés de se livrer à des opérations commerciales (vente ou placement de marchandises), ou de faire exploiter un commerce par leur femme, une véritable émotion s'est emparée de la corporation entière. Cette lettre, avec les restrictions qu'elle comporte, semblait être un retour en arrière vers des conditions que nous pouvions croire définitivement abandonnées.

Nous allons exposer ici les principales raisons pour lesquelles les prescriptions qu'elle contient à notre égard, et à l'égard de tierces personnes, sont à la fois inadmissibles pour ces tierces personnes et inapplicables envers nous.

Ces raisons sont les suivantes :

1° Nous ne sommes pas des fonctionnaires;

2° La loi du 9 juillet 1907 a donné à la femme un droit nouveau, dont on est moralement obligé de tenir compte ;

3° Le principe d'égalité devant la loi ne doit pas permettre que la liberté commerciale laissée au mari d'une préposée soit retirée à l'épouse d'un préposé ;

4° La possibilité d'autorisation que l'Administration permettait d'obtenir par une demande de l'intéressé, ne doit et ne peut être supprimée au moment précis où l'indépendance de l'épouse vient d'être légalement proclamée.

***

A) *Nous ne sommes pas des fonctionnaires*

Rien n'étant venu modifier, depuis l'apparition de cette lettre, une situation pleine d'équivoques, et notre qualité présumée de fonctionnaires étant non moins qu'auparavant sujette à controverses, l'argument a toujours sa même valeur, et nous n'insisterons pas.

B) *Loi du 16 juillet accordant un droit nouveau à la femme*

Il est incontestable que cette loi, l'une des plus remarquables introductions de législation sociale moderne, s'étendra et se consolidera par l'usage, et que toute atteinte, même indirecte, qu'on essayera de lui porter sera de moins en moins tolérée par l'opinion et les intéressés.

Si le régime de la liberté pure et simple n'est pas de droit absolu, et ne résulte pas impérativement et pour tous les cas, de la loi du 16 juillet 1907, il est néanmoins de toute évidence que cette loi, en permettant à l'épouse d'assurer son existence par elle-même et surtout son avenir — souvent aussi celui de ses enfants — a inauguré, en quelque sorte, l'indépendance économique de la femme dans son propre ménage. L'on doit donc reconnaître que toute contrainte administrative s'exerçant sur l'un ou l'autre époux, soit par pression, mise en demeure, ou tout autre moyen, va inévitablement contre l'esprit même de la loi.

c) *Principe d'égalité devant la loi, etc...*

Cette raison, née de la violation du principe d'égalité, l'orsqu'on accorde à un sexe la liberté commerciale qu'on refuse à l'autre sexe, est un argument auquel le temps ne fera rien perdre de sa valeur.

L'interdiction à la femme d'un préposé, étrangère à une administration d'exercer un commerce, est une mesure draconienne, déjà inadmissible par elle-même et qui paraît d'une tyrannie singulièrement illogique, quand on s'aperçoit que le sexe fort, plus favorisé, jouit, sans empêchement aucun, de la faculté réservée au sexe faible.

Pourquoi le mari d'une préposée étranger à l'Administration peut-il exercer librement un commerce, et pourquoi l'épouse d'un préposé ne le pourrait-elle pas?

En droit, en bonne justice, et en simple logique, nous doutons fort qu'on en puisse fournir une claire, suffisante et décisive justification.

D) *L'autorisation ne peut être supprimée*

Cette dernière raison, d'une extrême limpidité, résulte de ce fait que, jusqu'à l'apparition de la lettre commune 120/20, les intéressés avaient la faculté de demander à l'Administration une autorisation qui ne leur était jamais refusée. Certains même, ignorant cette condition, ne firent jamais aucune demande en autorisation, et ne furent nullement inquiétés.

Cette tolérance et cette mansuétude, il faut bien le reconnaître, rendaient presque acceptable un régime quelque peu inquisitorial et manifestement illogique.

Ladite lettre commune, en retirant cette faculté d'autorisation, aggrave brusquement une situation de fait, et dans certains cas peut causer de sérieux préjudices tant matériels que moraux, sans qu'on puisse apercevoir quels avantages supérieurs en retirera l'Administration.

***

Nous ne croyons pas au mauvais vouloir, à l'autoritarisme arbitraire de l'Administration; nous croyons, au contraire, à ses sentiments bienveillants, à sa paternelle sollicitude envers son personnel de préposés. C'est pourquoi nous pensons que la lettre commune 120/20, qui pour nous fut une désagréable surprise, fut chez elle un projet insuffisamment mûri, mis au jour trop hâtivement, sans en avoir examiné toutes les faces, et étudié toutes les conséquences.

C'est pourquoi nous nous adressons à elle avec confiance en lui présentant le vœu suivant, adopté par le Congrès de 1909, qui lui permettrait de revenir à des sentiments libéraux et tolérants, qui furent, jusqu'à ce jour, son honneur et sa tradition :

« Le Congrès,

» Considérant que la lettre commune 120/20, classe arbitrairement les préposés dans la catégorie des fonctionnaires, alors que la légitimité de ce classement est loin d'être démontrée ;

» Que les diverses limitations basées sur ce classement n'ont, en réalité, pas lieu d'être appliquées ;

» Que la loi du 16 juillet 1907, qui a créé l'indépendance économique de la femme, doit être interprétée dans l'esprit le plus libéral, relativement à cette indépendance ;

» Emet le vœu :

» Que la lettre commune précitée soit modifiée en tout ce qui touche les restrictions de droit qu'elle comporte à l'égard de la femme du préposé ».

Recettes buralistes et bureaux de tabac

Au cours d'une audience qu'il avait accordée à une délégation du Conseil central de l'Association générale des préposés, le 22 octobre 1903, M. le Directeur général des Manufactures de l'Etat faisait savoir à cette délégation qu'il avait obtenu du Ministre des finances la faveur, pour les préposés retraités, qu'une recette buraliste soit mise, tous les ans, à sa disposition et qu'il demanderait, en temps opportun, au bureau de l'Association générale, la liste des candidats qui voudraient briguer cet emploi. Nous formulons aujourd'hui le désir que cette promesse soit tenue et que, de plus, un débit de tabac soit accordé au moins tous les trois ans dans les mêmes conditions, aux préposées dames.

Revision du décret du 20 janvier 1908

Au cours de l'année 1907, l'Association générale des préposés remettait à l'Administration un projet de décret codifiant l'organisation et la réglementation de nos cadres.

A cette époque, notre situation morale était et est encore aujourd'hui nettement inférieure à celle du personnel des autres administrations.

Il était donc urgent de nous pourvoir d'un règlement fixant les règles précises à appliquer au recrutement et à l'avancement, de même qu'au régime disciplinaire, comme cela avait déjà été fait pour les agents de la plupart des administrations financières.

La tâche fut rude, mais elle a abouti.

Une commission administrative, composée de MM. Laurent, président, Brandeis, Sevèle, Mathieu et Pinat fut instituée; nos représentants furent quelquefois entendus par elle, et nous devons dire que s'ils n'ont pas toujours été écoutés, il a été parfois tenu compte de leurs désirs.

Le 20 janvier 1908, nous eûmes enfin la satisfaction d'apprendre que M. le Ministre des finances soumettait notre statut à la signature de M. le Président de la République.

Si ce statut n'est pas parfait, si certains de ses articles sont encore critiquables, nous devons cependant reconnaître qu'ils représentent un réel progrès moral sur l'état de choses qui existait antérieurement à sa publication, et nous sommes heureux de constater que, quoique son apparition date de trois ans à peine, nous en avons déjà ressenti les bienfaisants effets.

Dans les cadres, l'avancement s'est amélioré depuis qu'une limite a été fixée à l'ancienneté.

De menues améliorations ont été obtenues, telles que la réglementation de la mise en disponibilité, soit pour maladie, soit pour convenances personnelles.

De sérieux avantages ont été obtenus du fait de l'institution des conseils de discipline et l'on doit reconnaître que depuis qu'ils fonctionnent, le nombre des mesures disciplinaires a considérablement diminué.

Nous devons nous louer, en terminant, de l'amélioration qui s'est produite dans les rapports de nos représentants avec l'Administration, aussi, désirons-nous ardemment que cette amélioration s'étende aux rapports entre chefs et subordonnés de tous les Etablissements.

Comme nous reconnaissons dans ce décret le témoignage de la sollicitude de l'Administration et des pouvoirs publics à notre égard, nous ne devons pas hésiter à en signaler les points sur lesquels nos vues diffèrent avec celles de la Direction générale.

Nous espérons qu'elle voudra bien prendre nos vœux en considération, en complétant l'œuvre commencée; le personnel des préposés s'en trouvera encore mieux, et elle même n'y perdra rien, au contraire.

Définition de la situation administrative des préposés

Nous croyons avoir clairement démontré, dans la première partie de ce mémoire (page 9), que nous ne sommes pas des fonctionnaires, il semble donc inutile d'y revenir ici. Nous voulons simplement nous borner à relever les contradictions de l'Administration au sujet de notre qualification.

Sans vouloir nous donner quelques-uns des avantages inhérents à la qualité qu'elle nous prête, l'Administration nous en fait supporter tous les inconvénients.

Au point de vue commercial, on a vu certains agents contraints de fermer ou de vendre leur fonds de commerce. Au point de vue politique, d'autres se sont vu refuser le droit de porter leur candidature au conseil municipal de leur localité ; certains même, proclamés élus ou en ballotage, ont été mis en demeure de se désister ou de donner leur démission.

Nous sommes persuadés que dans tous ces cas, commerciaux ou politiques, l'Administration a outrepassé ses droits.

Quelles sont donc les raisons qu'elle invoquait en 1903 comme constituant les sérieux avantages que nous devions à notre situation hybride?

Pour répondre à cette question, il suffit de nous reporter au dernier alinéa de la circulaire n° 3038 du 24 mars de l'année ci-dessus.

Aux termes de cette lettre, les directeurs locaux sont invités à recueillir sur le commissionnement, l'opinion des préposés placés sous leurs ordres. Voici ce passage : « ... D'autre part, il conviendra de rappeler **les sujétions auxquelles échappent les préposés** et qui s'imposent aux employés civils et fonctionnaires de tous ordres des administrations publiques, par exemple, **au point de vue de l'acceptation d'un mandat électif** ou encore de **l'interdiction faite à la femme, et à plus forte raison à l'agent, de pratiquer des opérations commerciales** ».

Que reste-t-il en 1910 des avantages qui nous étaient accordés en 1903? Plus rien! L'interdiction d'accepter un mandat électif a précédé la circulaire 120/20 interdisant les opérations commerciales, de sorte qu'aujourd'hui, nous supportons toutes les sujétions de la loi de 1853 sans en avoir aucun des bénéfices.

Tels sont les résultats que nous voue notre qualité de fonctionnaires! sans l'être.

La définition de notre situation administrative a fait l'objet de longues discussions au sein de nos Congrès, elles se sont toujours terminées par l'adoption du même vœu : **Demander à l'Administration la définition exacte de la situation des préposés**, en disant catégoriquement, sans équivoque, et sans ambiguïté, à quelle catégorie ces agents appartiennent.

L'équivoque subsiste toujours, la réponse de l'Administration au lieu d'être catégorique est toujours ambiguë.

Nous devons en citer ici quelques exemples :

Le 30 mai 1908, au cours d'une audience qui nous fut accordée par M. le Directeur général, nous demandions l'obtention de 1/60e de nos appointements par année de services pour le décompte de notre retraite. Il nous fut répondu ceci : « En un mot, les préposés demandent à bénéficier des avantages de la loi de 1853 sans en supporter les inconvénients ». Cette réponse n'était pas nouvelle. N'y a-t-il pas de l'ironie dans ces paroles adressées à des agents à qui tous les bénéfices de cette loi sont refusés.

Nous apprimes alors que les avantages que nous sollicitions, ne pouvaient être accordés qu'aux fonctionnaires commissionnés et que tout en étant fonctionnaires nous mêmes, nous n'avions pas à y prétendre.

Depuis cette époque, la possibilité de nous accorder satisfaction sur ce point fut cependant envisagée.

Cet autre passage de l'entretien prouve que nous ne sommes pas davantage assimilables à nos collègues préposés, les agents techniques.

Par assimilation, nous demandions une réforme qui avait déjà été accordée aux agents appartenant à cette catégorie et qui avait trait à l'échelle des grades et classes.

Aussitôt cette question posée, M. le Chef du personnel d'alors nous répondit vivement : « Vous n'avez pas à vous comparer aux agents techniques ».

D'un côté, l'assimilation complète avec les fonctionnaires nous est refusée, de l'autre, la comparaison de notre situation avec celle des agents techniques est impossible. A qui sommes-nous donc assimilables alors, dans les Etablissements de l'Administration des tabacs et allumettes ?

Un autre fait : Dans un conflit, oh ! bien bénin, survenu entre un directeur de Manufacture et ses préposés, il fut répondu à ces derniers : « Vous n'êtes pas des fonctionnaires, parce que vous n'êtes pas commissionnés, vous n'avez pas à vous comparer à eux ; vous êtes simplement des préposés ».

Nous pourrions multiplier ces exemples, mais ceux-ci suffisent amplement pour que l'on puisse convenir que notre situation est vraiment étrange ; ils démontrent péremptoirement que cette appellation de fonctionnaires est toute de circonstance.

***

Dans maintes occasions, la Direction générale nous a demandé si nous désirions être régis par la loi de 1853. Nous n'avons pas à donner notre avis à ce sujet et ce qui nous confirme dans cette opinion, c'est qu'au cours d'une réunion des membres de la commission précitée, sans consultation préalable, la question du commissionnement des préposés fut envisagée, mais au dernier moment, cette idée fut abandonnée devant l'éventualité du crédit nécessaire à cette réforme.

Quoiqu'il en soit, nous demandons instamment à ce qu'il soit mis un terme à notre fausse situation en nous classant définitivement, et sans restriction, soit dans la catégorie des fonctionnaires, soit dans la catégorie des ouvriers.

Si nous sommes des fonctionnaires au sens propre du mot, que l'on nous accorde, sans plus tarder, les bénéfices et avantages attachés à ce titre, nous en supporterons aussi les inconvénients.

Si au contraire, nous sommes des ouvriers, nous réclamons toutes les libertés et tous les droits accordés à ce personnel.

Notre état hybride n'a que trop duré, il nous cause un préjudice moral et matériel considérable.

N'appartenant à aucune des deux catégories ci-dessus, nous déclarons respectueusement, mais fermement, que nous voulons être ou **fonctionnaires** ou **ouvriers**. Nous ne voulons plus être **l'un et l'autre**, suivant les circonstances, nous voulons être **l'un ou l'autre**.

Dans le cas où l'Administration ne croirait pas devoir nous donner satisfaction sur ce point, la question restera entière et nous nous trouverons dans l'obligation de la lui présenter à nouveau.

⁂

TITRE I

Articles 2, 3, 6

L'article 2 détermine l'échelle hiérarchique des préposés recrutés parmi les anciens militaires.

L'article 3, celle des préposés recrutés dans l'élément civil.

L'article 6 établit, au point de vue de la hiérarchie et de la discipline, les assimilations entre les préposés d'origine militaire et les préposés provenant de l'élément civil.

En comparant le tableau de l'article 2 avec celui de l'article 3, on s'aperçoit qu'il existe une profonde différence dans la hiérarchie d'agents d'origine différente, c'est vrai, mais remplissant ou du moins devant remplir, dans les Etablissements de l'Administration, les mêmes fonctions.

L'Administration, bien inspirée en la circonstance, a classé en huit classes, et sous le **titre unique de préposé**, les agents recrutés dans les conditions fixées par l'article 69 de la loi du 21 mars 1905.

Pourquoi n'a-t-elle pas étendu ces dispostions aux agents de l'ancien recrutement ?

Pourquoi a-t-elle conservé pour eux les appellations de **surveillant**, 4 classes, y compris le stage ; de **contremaître**, 4 classes, y compris celle de contremaître principal, et de **chef de section**, qui comprend également 4 classes, ce qui fait 3 grades et 13 classes pour ces agents, contre le titre **unique de préposés** et 8 classes pour leurs collègues d'origine militaire.

Aucune raison sérieuse ne milite en faveur du maintien de cette hiérarchie, attendu qu'il n'existe, entre chacun de ces grades — et principalement entre les deux premiers — aucune distinction de principe.

Anciennement, peut-être, l'Administration se trouvait-elle en présence de certains agents qui ne possédaient qu'une instruction insuffisante, et qui, de ce fait, ne devaient pas franchir le grade de surveillant et étaient affectés à des postes secondaires dans les Etablissements. Ils ne pouvaient avoir accès au grade de contremaître qu'après avoir subi les épreuves d'un concours.

Depuis longtemps déjà, ce concours est supprimé, de sorte qu'aujourd'hui le surveillant passe dans le grade de contremaître avec autant de facilité que s'il s'agissait de passer d'une classe dans une autre.

A son tour, le contremaître, pour devenir chef de section, devait — et doit encore — subir un concours ou passer un examen.

Aujourd'hui, surveillant, surveillante, contremaître, contremaîtresse, chef de section, ont les mêmes attributions à remplir. Les uns et les autres peuvent être indifféremment chargés d'un même service, et il est très fréquent de voir un poste qui, occupé aujourd'hui par un contremaître de 1re classe, l'est demain par un surveillant de 3e classe, voire même par un surveillant stagiaire avec le même titre de chef d'atelier et les mêmes responsabilités. Les employés supérieurs ont pris l'habitude de répartir les postes à la capacité et suivant les aptitudes de chacun, plutôt qu'en tenant compte des grades de la hiérarchie. C'est là une excellente méthode et nous ne saurions leur en faire un grief.

Il en est de même pour les fonctions de chef de section, elles sont souvent remplies par un surveillant. Tout cela sans que la bonne marche des services s'en ressente, sans que les règlements en soient moins bien appliqués, enfin sans que la bonne confection des produits ait à en souffrir.

Nous n'avançons rien ici à la légère, et nous certifions qu'il n'existe pas un Etablissement, tabacs, allumettes, magasins, où le principe de non distinction entre les grades, principalement entre ceux de surveillant et de contremaître ne soit appliqué.

Il serait superflu de citer des exemples, car l'Administration reconnaîtra parfaitement la véracité de ce que nous avançons et cela d'autant plus facilement qu'elle a dû être guidée par ces considérations, pour accorder à ses agents du nouveau recrutement, le titre unique de préposés.

*
* *

Examinons maintenant l'article 6

Les assimilations établies entre les préposés recrutés dans l'élément civil, et les préposés d'origine militaire, sont toutes à l'avantage de ces derniers, en effet :

ANCIEN RECRUTEMENT	NOUVEAU RECRUTEMENT
Chefs de section et chefs d'ateliers principaux.	Préposés de 1re classe.
Chefs de section et chefs d'ateliers...........	— de 2e classe.
Contremaîtres principaux....................	— de 3e classe.
Contremaîtres (3e, 2e et 1re classes............	— de 4e et 5e classes.
Surveillants (3e, 2e et 1re classes)..............	— de 6e et 7e classes.
Surveillants stagiaires........................	— de 8e classe.

Ce qui frappe dans ce tableau, c'est que les préposés anciens militaires n'ont que deux classes à franchir dans les grades de surveillants et de contremaîtres, contre trois dans chacun de ces grades pour les préposés d'origine civile, et c'est là l'avantage très grand qu'ils possèdent sur les agents de l'ancien recrutement.

Aux termes de l'art. 9, en cas de vacance d'un emploi de chef de section, le chef de l'Etablissement choisit ceux des préposés qu'il convient d'appeler au concours. Ce choix ne peut porter que sur les préposés d'origine militaire, comptant au moins deux ans d'ancienneté dans les classes supérieures à la 6e, sur les contremaîtres principaux, et sur ceux des contremaîtres qui comptent au moins deux ans de services dans ce grade.

Si, nous basant sur ces dispositions, nous prenons deux préposés d'origine différente, nommés à la même date, l'un surveillant de 3e classe, l'autre préposé d'Ateliers de 7e classe, et pouvant prétendre tous deux à l'emploi de chef de section, en jouissant de l'avancement au choix fixé à trois ans, nous obtenons les résultats suivants :

PRÉPOSÉ D'ORIGINE CIVILE

Surveillant de 3e classe......
3 ans — de 2e — ......
3 ans — de 1re — ......
3 ans Contremaître de 3e classe....
2 ans de service dans ce dernier grade pour pouvoir être appelé au concours de chef de section.

Total 11 ans.

PRÉPOSÉ D'ORIGINE MILITAIRE

Préposé de 7e classe.
3 ans — de 6e —
3 ans — de 5e —
2 ans dans cette dernière classe pour pouvoir être appelé au concours de chef de section.

Total 8 ans.

Ne sommes-nous pas autorisés à qualifier d'arbitraire cette assimilation qui permet aux uns de pouvoir concourir pour l'emploi de chef de section après huit ans de services, tandis qu'aux autres, la même faculté ne leur est accordée qu'après un laps de temps de onze ans.

Il y a là une injustice flagrante qu'il est urgent de faire cesser au plus tôt, car il ne se peut que dans une même administration, le décret qui régit les agents d'une même catégorie, comporte deux poids et deux mesures. L'avancement doit être le même pour tous, et l'accès au grade supérieur doit être accordé dans un délai et dans des formes identiques.

***

Comme conclusion à ce qui précède, nous demandons instamment à l'Administration, de bien vouloir reviser le décret du 20 janvier 1908, dans le sens suivant :

1o Titre unique de préposé pour tous les agents, quelle que soit leur origine ;

2o Que les préposés des deux recrutements soient soumis à une même échelle hiérarchique, en limitant uniformément pour tous, le nombre d'années de services nécessaire pour avoir accès à l'emploi de chef de section et de chef d'atelier.

Notre revendication, tant au point de vue moral que matériel, est empreinte d'un esprit de justice incontestable. De plus, elle ne nécessite aucun crédit, il est donc facile de nous accorder satisfaction sur les deux points qu'elle comporte.

Nous pensons qu'il aura suffi de signaler à l'Administration le préjudice grave que cause à ses agents d'origine civile l'application de l'art. 6 du décret, pour qu'elle y mette un terme dans le plus bref délai possible.

TITRE II. — RECRUTEMENT

Préposés hommes attachés aux ateliers et aux écritures

Article 8

L'article 69 de la loi militaire du 21 mars 1905, réserve la totalité des emplois de préposés des Manufactures et Magasins, aux militaires comptant au moins dix ans de services à l'armée, dont quatre dans le grade de sous-officier. Nous ne nous étendrons pas longuement sur cette loi dont la modification ne peut résulter que d'un vote du Parlement; cependant, nous pensons devoir porter à la connaissance de l'Administration, le vœu adopté à ce sujet par le Congrès de 1909, le voici :

« Modifier ladite loi de façon à réserver à l'élément civil 50 % des emplois vacants dans le personnel des préposés des Manufactures de l'Etat. » Ce vœu fut émis pour deux raisons, la première est d'ordre social, la deuxième d'ordre administratif.

***

Dans l'ordre social, il apparait en effet, que réserver aux seuls militaires, c'est-à-dire à une catégorie de citoyens déjà privilégiés, puisqu'ils ne sollicitent un emploi civil qu'après être pourvus d'une pension relativement élevée, pour quinze ans de services, est, dans notre démocratie, une anomalie.

Cette loi dénie aux simples citoyens, qui tous, cependant, ont payé l'impôt du sang, le droit que nous considérons comme naturel, parce que, consacré par une longue tradition, de prétendre à un grand nombre d'emplois administratifs.

Nous estimons que, dans ces conditions, le législateur a fait un droit abusif de sa fonction en refusant, sans consultation préalable, ces emplois aux jeunes hommes pour lesquels le service de quinze ans n'aura eu aucun attrait.

La retraite proportionnelle parait cependant largement suffisante pour récompenser quinze années de services militaires, on peut même se demander si la récompense ne dépasse pas le sacrifice consenti. Nous comprenons très bien l'obligation dans laquelle se trouve l'Etat, pour maintenir dans l'armée ses sous-officiers, mais n'est-ce pas dépasser le but en leur accordant à la fois une pension de retraite et un emploi civil, et ce, au détriment des citoyens qui, tout en n'étant pas restés à l'armée, ont cependant servi le pays au double point de vue militaire et civil, et seront encore prêts à le servir en cas de complications extérieures.

Pour éviter les froissements qui se produisent et se produiront encore entre civils et militaires, du fait de l'application de cette loi, les anciens sous-officiers ne devraient être appelés aux emplois de l'Etat qu'au même titre que les autres citoyens, la seule concession qui pourrait être faite en leur faveur, serait de reculer la limite d'âge.

Personne ne peut méconnaitre aujourd'hui l'importance des questions sociales, aussi pensons-nous que le seul moyen d'éviter qu'elles ne donnent lieu à des conflits violents, est de faire en temps voulu les concessions raisonnables.

Nous estimons que réserver aux anciens militaires une partie seulement des emplois civils, ou de reculer pour eux la limite d'âge, afin de pouvoir leur permettre de concourir avec la masse des citoyens, sont de celles-là. Maintenir les dispositions actuelles serait imprudent de la part des législateurs qui doivent assurer l'égalité pour tous sans distinction de caste.

*
* *

Dans l'ordre administratif, il existe également des inconvénients qui ne sont pas ignorés de l'Administration. Elle sait qu'en recrutant exclusivement ses préposés parmi les anciens militaires, elles s'expose à des déboires. Tel fut d'ailleurs, l'avis émis par le représentant même de cette nouvelle catégorie d'agents, lors de l'audience accordée en 1909, par M. Caillaux, ministre des finances.

C'est de plus, l'avis des directeurs locaux. Aussi, en présence de cette situation, l'Administration se propose-t-elle de classer les emplois de préposés dans une catégorie plus élevée. Par ce fait même, elle montre que notre rôle nécessite des aptitudes spéciales plus élevées qu'elle ne l'avait laissé supposer jusqu'à ce jour. Ces aptitudes s'acquièrent d'autant mieux, qu'on a été appelé plus jeune à vivre en contact avec le personnel ouvrier, dont il est indispensable de connaître les goûts, l'esprit et la mentalité, pour faire un bon agent.

Dans les considérations que nous venons d'exposer, il est bien loin de notre pensée de porter atteinte à la dignité de nos camarades d'origine militaire, tous, nous le reconnaissons, s'efforcent d'accomplir leur devoir, et si leur dévouement ne donne pas toujours les résultats qu'on en espérait, on ne saurait les en rendre responsables. La sympathie que nous éprouvons pour certains d'entre eux ne peut également en être diminuée.

*
* *

Si dans l'armée, les vieux sous-officiers encadrent merveilleusement les troupes, ils ont besoin d'être encadrés à leur tour lorsqu'ils sont pourvus d'un emploi dans les administrations publiques.

Les cadres nécessaires aux administrations militarisées ne peuvent se recruter que dans l'élément civil, et voilà pourquoi nous plaçant, comme nous le déclarons au commencement de cet exposé, au double point de vue social et administratif, nous joignons notre faible voix à celles qui se sont déjà élevées de toutes parts pour protester contre l'application de l'article 69 de la loi militaire de 1905.

Nous serions reconnaissants envers M. le Directeur général s'il lui était possible, par sa haute influence, d'assurer la réalisation de notre vœu.

Article 9

Des fonctions de chef de section, suppression du concours

Voir à la page 92, le rapport qui a trait à cette question.

Article 14

Nous croyons nécessaire de reproduire ici le texte de cet article : « Par dérogation aux articles 8 et 13 ci-dessus, lorsqu'une vacance existe dans un Etablissement ou un emploi quelconque de préposé, le Directeur général peut, sur avis conforme de la commission de classement prévue à l'article 17 ci-après, y pourvoir par la nomination d'un agent d'un autre Etablissement ».

A notre avis, ces termes ont surtout été introduits dans le décret pour les préposés d'origine militaire qui, dans bien des cas, peuvent avoir des intérêts les appelant plutôt dans une ville que dans une autre. Témoin les nombreuses demandes de changement de résidence adressées à l'Administration par ces préposés.

Il ne paraît guère possible, en effet, que ces dispositions soient applicables aux préposés de l'ancien recrutement, car il est une tradition, nous pourrions même dire un principe, qui fut toujours observé à notre égard. Le recrutement des préposés est local, l'avancement est local également, et ce n'est que sur demande personnelle ou par mesure disciplinaire qu'un déplacement de préposé a lieu.

L'article 14 pourrait changer tout cela; désormais, sur avis conforme de la commission de classement, un préposé quelconque pourrait être renvoyé brusquement, sans l'avoir demandé, dans un autre Etablissement, pour y combler une vacance... Cette méthode, si elle était appliquée, pourrait parfois léser des intérêts respectables.

Comme nous le disons plus haut, nous pensons bien que cet article n'a été créé que pour permettre à l'Administration de donner une suite favorable aux demandes de déplacement formulées par les anciens militaires et, le cas échéant, aux préposés d'origine civile, mais, comme il y a doute pour nous sur la limitation de cet article aux seules demandes de changement de résidence, pour convenances personnelles, nous prions l'Administration de bien vouloir ajouter à l'article 14, les mots suivants :

« Après avoir obtenu toutefois le consentement dudit agent préalablement consulté ».

Nous estimons qu'il sera d'autant plus facile à la direction générale de nous donner satisfaction sur ce point, que jusqu'à ce jour, et nous nous plaisons à le reconnaître, aucun préposé n'a été lésé du fait de l'application du texte qui nous occupe, mais en prenant notre vœu en considération, elle nous donnera des garanties pour l'avenir.

Article 5

Bonifications d'ancienneté

1° Par le classement au choix et au grand choix (voir rapport page 65);
2° Pour services militaires (voir rapport page 101).

Article 17

Commission de classement

Le Congrès de 1908 se basant sur le principe admis pour les conseils de discipline, en vertu duquel deux agents du grade de l'inculpé sont appelés à siéger dans les conseils, a formulé le vœu suivant :

« Admettre deux préposés au sein de la commission de classement pour l'élaboration du tableau d'avancement ».

Nous croyons savoir que cet avantage a été également sollicité par les employés commissionnés.

A nous, comme à ces derniers, il fut répondu qu'il n'était guère possible de nous accorder satisfaction, car il serait difficile à l'Administration de refuser à ses délégués le droit de prendre connaissance des dossiers de tous les agents qu'ils concouraient à classer. Qu'en ce faisant, les préposés pourraient se plaindre, si leur notes professionnelles et les renseignements que peuvent contenir leurs dossiers étaient placés sous les yeux de leurs collègues.

D'autre part, il fut objecté aux employés commisionnés que cette conception ne semblait pas pouvoir leur être appropriée, en raison de la multiplicité des agents entre lesquels il faut choisir pour la rédaction des tableaux d'avancement et surtout la diversité des fonctions dont peuvent être investis des agents de même grade, voire de même classe. Que tous ces faits ne permettraient pas aux délégués du personnel d'exercer un contrôle efficace, de telle sorte que les garanties données seraient, dans la réalité, illusoires.

Ces objections, qui peuvent être faites aux employés commissionnés, ne peuvent être répétées à notre égard, car, en ce qui nous concerne, ces inconvénients n'existent pas; nous le démontrons d'ailleurs, d'autre part, lorsque nous disons qu'aujourd'hui, surveillant, surveillante, contremaître, contremaîtresse, et voire même chef de section, ont les mêmes attributions à remplir.

Tant qu'à la communication des notes aux agents délégués, la masse des préposés ne saurait s'en plaindre, puisqu'après avoir entendu les déclarations de l'Administration, elle a maintenu son désir de voir ouvrir l'accès de la commission de classement à ses représentants.

En conséquence, nous prions Monsieur le Directeur général de bien vouloir soumettre ce vœu à M. le Ministre des finances, qui, nous n'en doutons pas, voudra bien en étudier l'application avec toute sa bienveillance.

TITRE IV. — DISCIPLINE

Loi de sursis

Les Congrès de 1908 et 1909 ont émis le vœu que le principe de la loi de sursis, inscrite dans nos codes, et appliquée dans une large mesure par les tribunaux, soit introduite dans le décret du 20 janvier 1908.

Actuellement, le règlement exige que, pour la faute commise, une peine soit appliquée, cette rigidité peut, dans certains cas, être considérée comme excessive, car il peut arriver qu'un préposé, après de longues années de conduite irréprochable, se laisse entraîner, par un concours de circonstances toutes fortuites, à commettre telle faute passible d'une peine disciplinaire mais qui ne devra pas être suivie nécessairement d'une faute semblable.

En pareil cas, les tribunaux prononcent la condamnation, mais en tenant compte des bons antécédents de l'inculpé, sursoient à l'application immédiate de la peine qui ne serait alors rappelée au condamné qu'en cas de récidive.

En l'état actuel des choses, et quelle que soit la valeur morale et professionnelle de l'accusé, quelles que soient les conséquences funestes qui peuvent en résulter pour lui et sa famille, les mesures du conseil de discipline devant une faute qualifiée de grave, ne pourront pas l'acquitter, puisqu'en leur âme et conscience, ils ne pourront pas dire : qu'il n'a pas commis la faute qui lui est imputée.

Si au contraire, il existait dans le décret un article permettant d'appliquer la loi de sursis, les juges du conseil de discipline seraient heureux, dans certains cas intéressants, de pouvoir mettre leur conscience d'accord avec le règlement, en appliquant à l'agent intéressé, le bénéfice de cette loi.

Les effets de cette mesure de clémence seraient aussi profitables à l'Administration qu'au préposé condamné, car celui-ci, au lieu de devenir le plus souvent, après sa condamnation, un agent au caractère aigri, aurait à cœur de racheter le passé, en consacrant toutes ses forces et toute son intelligence à l'accomplissement de son service.

***

Comme conséquence à ce qui précède, nous prions l'Administration de rendre applicables aux préposés, en matière disciplinaire, les dispositions bienveillantes de la loi Bérenger chaque fois que faire se pourra, en prenant en considération le vœu suivant :

« Que l'Administration rende applicables aux préposés les dispositions de la loi de sursis, laissant toutefois au conseil de discipline qui a prononcé, le pouvoir d'apprécier, de décider des cas où cette application doit avoir lieu ».

Nous n'avons encore pu obtenir de réponse de la direction générale sur ce sujet. Nous sommes cependant persuadés qu'elle sera favorable. La sollicitude dont elle fait preuve dans les questions d'humanité qui lui sont soumises nous est une garantie pour la prise en considération de notre proposition.

Article 19

Révision de l'échelle des peines

Toutes les catégories d'employés de l'Etat possèdent aujourd'hui un statut à peu près identique; cependant le nôtre diffère sur un point de tous les autres.

Dans la nomenclature des peines du premier et du deuxième degré, il prévoit, en effet, l'exclusion temporaire avec retenue de tous les émoluments. Alors même que partout ailleurs on n'a pas hésité à abolir cette peine.

Nous prendrons un exemple de ce que nous avançons dans notre Administration même. L'article 15, § 2 du statut des employés commissionnés est en effet ainsi conçu : « Retenue de traitement n'excédant pas la moitié de la quotité du traitement, etc. » et c'est justice, car la retenue totale des appointements présente de très graves inconvénients.

Très souvent, ces appointements constituent, pour l'agent frappé, l'unique ressource lui permettant de subvenir tant bien que mal, hélas, plutôt mal que bien, aux besoins des siens. Ce n'est pas lui seul qui est alors frappé, c'est sa femme, ce sont ses enfants, victimes bien innocentes de la faute commise.

Et puis, la privation de plusieurs journées de traitement du chef de famille peut, quelquefois, faire naître l'irréparable. Tel ménage qui a pu après mille efforts et beaucoup de privations, arriver à équilibrer son budget, se laissera facilement aller au découragement, si faute de quelques journées de gain il ne peut plus faire face à ses affaires.

Non! une telle mesure ne peut atteindre l'effet moral que l'on croit pouvoir en attendre, car au lieu d'adoucir le caractère de l'individu, elle en fait presque toujours un révolté. Toute la presse républicaine s'est d'ailleurs élevée contre le maintien d'une peine aussi arbitraire, et en opposition aussi absolue avec les principes d'une véritable démocratie.

***

La suppression de la retenue totale de l'échelle des peines a été demandée à l'Administration, au cours d'une audience accordée le 30 mai 1908. La réponse qui nous fut faite est on ne peut plus surprenante, la voici : « La retenue est fixée à la moitié du traitement pour les employés commissionnés, parce qu'ils continuent leurs services, tout en étant exclus temporairement ».

La vérité nous oblige à dire qu'en cas d'exclusion temporaire, un préposé doit considérer comme une faveur, l'autorisation de continuer son service, mais neuf fois sur dix, cette autorisation lui est accordée, tout en subissant la retenue du total de ses appointements.

Deux procédés différents dans l'application d'une peine ne peuvent subsister dans une même administration, sans graves inconvénients; aussi sommes-nous convaincus que M. le Directeur général, suivant en cela l'exemple des autres grands services publics, fera abolir, dans les Manufactures de l'Etat, la peine de la retenue totale des appointements.

Peines du 2e degré

Une simple lecture de la graduation des peines du 2e degré, fait apparaître que certaines de ces peines, paraissant plus fortes que d'autres, sont placées avant et réciproquement.

Le déplacement disciplinaire fait partie de celles-là.

Cette anomalie ayant été portée à la connaissance de l'Administration, il nous fut objecté que les peines n'ont pas lieu d'être placées essentiellement par ordre de gravité, puisque les juges choisissent dans cette échelle les peines à appliquer.

Cette réponse indique qu'il est facile de nous accorder satisfaction sur ce point; aussi, faisons-nous figurer ci-dessous en regard de la graduation actuelle celle que nous sollicitons parce que plus rationnelle.

GRADUATION ACTUELLE	GRADUATION DEMANDÉE
1. Exclusion temporaire avec retenue, etc.	1. Même
2. Déplacement disciplinaire.	2. Rétrogradation sur le tableau d'avancement.
3. Rétrogradation sur le tableau d'avancement.	3. Radiation du tableau d'avancement et diminution d'ancienneté, durée déterminée.
4. Radiation du tableau d'avancement et diminution d'ancienneté, durée déterminée.	4. Déplacement disciplinaire.
5. Descente de classe.	5. Descente de classe.
6. Descente de grade.	6. Descente de grade.
7. Mise en disponibilité d'office.	7. Mise en disponibilité d'office.
8. Révocation.	8. Révocation.

ARTICLE 20

Du droit de défense

Cet article assure le droit de défense à l'agent intéressé, tant par la communication de toutes les pièces relatives à l'inculpation, que par la présentation de sa défense sous forme de mémoire écrit, il peut même être admis, sur sa demande, à comparaître devant le conseil aux fins d'explications verbales.

Sans vouloir méconnaître la valeur de ces garanties, nous croyons cependant qu'elles seraient beaucoup plus grandes s'il était permis à l'inculpé de pouvoir se faire assister d'un défenseur.

Nous ne voulons pas donner un trop long développement à cette question qui, comme tant d'autres, est d'ordre général, puisqu'elle intéresse la collectivité des fonctionnaires. Nous pouvons donc espérer qu'elle sera solutionnée par le Gouvernement, de concert avec nos représentants, lors de l'élaboration définitive d'un statut général.

Aussi, nous bornerons-nous à consigner ici le désir exprimé par les préposés.

« Tout agent inculpé peut se faire assister d'un défenseur et citer des témoins ».

ARTICLE 22

Composition du conseil de discipline

Nous avons également une observation à formuler sur l'élection des délégués au conseil de discipline.

Aux termes de cet article, les deux agents du grade de l'inculpé appelés à siéger au conseil sont désignés à l'élection parmi les agents résidant dans le département de la Seine.

Or, nous désirerions que les délégués soient choisis indistinctement sur l'ensemble des Manufactures, comme cela se passe d'ailleurs pour les employés commissionnés.

C'est simplement dans un but d'économie que l'Administration a limité le choix des délégués aux seuls Etablissements de la Seine, économie peu importante, si minime même qu'elle ne peut justifier en matière d'élection pour un même objet, et dans une même Administration, une mesure d'exception prise envers une catégorie d'agents.

Nous espérons que vu la justesse de notre réclamation, M. le Directeur général n'hésitera pas à nous accorder satisfaction en faisant porter le choix des délégués au conseil de discipline sur tous ses Etablissements.

Article 27

Remise en activité après guérison dûment constatée

Voir étude page 99.

Article 28

Radiation pour invalidité morale

Cet article spécifie que seront rayés des cadres après constatation par un rapport de leurs supérieurs hiérarchiques, les agents qui, par suite d'invalidité morale, sont dans l'incapacité de continuer leurs fonctions.

Nous nous permettons d'attirer la bienveillante attention de l'Administration sur la rigueur excessive de cet article. Nous estimons, en effet, que l'invalidité morale d'un agent ne doit pas seulement être constatée par ses supérieurs hiérarchiques, mais aussi par un médecin.

S'il résulte que cet état d'invalidité morale soit inappréciable pour les hommes de l'art, ils devraient, cependant, pouvoir consigner leur incompétence, ou plutôt leurs observations, sur le rapport des chefs de service.

La mesure que nous réclamons n'a rien d'excessif. Elle aura, au contraire, l'avantage de mettre à couvert la responsabilité des chefs de service contre toutes réclamations qui pourraient émaner des agents frappés. Son application présenterait aussi une double garantie, et pour les supérieurs hiérarchiques, et pour les intéressés.

Dans ces conditions, nous ne doutons pas que l'Administration veuille bien prendre en considération le vœu suivant :

« Ajouter à la suite des mots : Par un rapport de leurs supérieurs hiérarchiques, *et d'un médecin qui y consignera ses observations.* »

CONCLUSION

Les conclusions de la revision du décret du 20 janvier 1908 se résument de la façon suivante :

1° Définition de la situation administrative des préposés ;

2° Art. 2 et 3. — Titre unique de préposé ;

3° Art. 6. — Echelle hiérarchique uniforme pour les préposés des deux origines ;

4° Art. 8. — Réserver à l'élément civil 50 % des emplois vacants ;

5° Art. 9. — Suppression du concours de chef de section ;

6° Art. 14. — Ne procéder à un changement de résidence que par mesure disciplinaire ou pour convenances personnelles.

7° Art. 15. — Réduire l'avancement à l'ancienneté à trois ans six mois, au demi-choix à trois ans trois mois, en maintenant l'avancement au choix à trois ans. Reviser la loi sur les bonifications d'ancienneté pour services militaires ;

8° Art. 17. — Accès de deux préposés dans la commission de classement;

9° Titre 4. — Appliquer la loi de sursis en matières disciplinaires ; graduation nouvelle des peines du 2e degré ;

10° Art. 19. — Supprimer la retenue totale des appointements ;

11° Art. 20. — Accorder le droit à tout agent inculpé de se faire assister d'un défenseur ;

12° Art. 22. — Faire porter le choix des délégués au conseil de discipline sur tous les Etablissements ;

13° Art. 27. — Réintégration d'un agent dans son Etablissement d'origine, après guérison dûment constatée ;

14° Art. 28. — Faire constater l'invalidité morale d'un agent par les chefs de services et un médecin.

CONCLUSION GÉNÉRALE

Nous venons d'exposer tout au long, dans ce Cahier, les revendications d'ordre matériel ou pécuniaire qui furent formulées lors de nos Congrès annuels.

Sauf en ce qui concerne certaines parties du décret du 14 janvier 1908, nous n'avons pas cru nécessaire d'y développer parrallèlement nos revendications se rapportant à notre situation morale, lesquelles ont fait l'objet de nombreuses observations mentionnées tant aux bulletins mensuels corporatifs qu'aux comptes rendus de nos assemblées générales.

Nous avons pensé qu'il suffisait de les rappeler simplement à la bienveillante attention de notre Administration. C'est ce que nous avons fait dans la préface de ce Cahier, sous la rubrique : **Rôle et attributions des préposés**, avec l'espoir d'obtenir pour nos fonctions, si modestes qu'elles soient, toute la considération qu'elles méritent.

Un peu plus de considération ne saurait nuire à l'accomplissement de notre tâche ; nous pensons, au contraire, qu'un meilleur traitement moral ne pourrait que faciliter celle-ci.

Certaines obligations qui nous sont imposées constituent pour nous de véritables servitudes. Dans notre préface, nous nous sommes servis à leur sujet, du terme de « corvées », nous ne pouvions trouver de désignation plus exacte et plus parfaite.

Quelques-unes de ces obligations ne tendent rien moins qu'à nous placer vis-à-vis du personnel ouvrier, sinon comme des domestiques, tout au moins comme des servants qui doivent satisfaire ses moindres désirs. Situation vraiment fausse et qui ne peut convenir à des agents appelés à commander fut-ce même en sous-ordres.

Notre situation morale ne sera vraiment définie qu'autant que notre travail sera nettement déterminé et se cantonnera dans les limites de ce qu'il doit être : c'est-à-dire englobant seulement les attributions logiques et consécutives à notre rôle de contremaîtres-comptables. Or, ces limites sont présentement étendues très loin, c'est ainsi, qu'en dehors des « corvées » dont il est question plus haut, nous voyons encore dans quelques Etablissements, en très petit nombre, il est vrai, certains préposés astreints à des manipulations de matière.

Entendons-nous! Il n'est pas question ici de considérer comme une manipulation, le fait du chef d'atelier qui veut se rendre compte par lui-même de la manière de confectionner un produit, le fait de suivre le travail entre les mains de l'ouvrier ou ouvrière, quelquefois jusques en son lieu et place, le fait d'examiner la matière première, d'apprécier sa valeur, de rechercher la façon d'en tirer le meilleur parti, car nous considérons, au contraire, que là est le devoir du préposé. Nous voulons parler de certaines manipulations affectant une allure de continuité, ayant le caractère d'un véritable travail manuel, s'opérant journellement, et qui, logiquement, devrait être effectué par le personnel ouvrier. Un exemple, pour nous mieux faire comprendre :

Dans une de nos Manufactures, les tabacs pour robes de cigares à 0 fr. 10 ou de cigarettes Ninas, sont livrés aux ateliers de confection de ces produits préalablement étalés en paquets inégaux; les préposés chargés de ces ateliers sont contraints, tous les jours, de préparer ces tabacs en gâteaux de poids égal, et en nombre suffisant pour assurer la distribution journalière aux confectionneuses. En la circonstance, on impose à ces préposés un travail qui devrait normalement être effectué par des servants ou par les ouvrières prépareuses elles-mêmes.

Loin de nous la pensée que de telles manipulations puissent comporter quelque atteinte à notre dignité, le travail manuel ne fut jamais déshonorant, mais elle contribue néanmoins à nous maintenir dans cette situation mal définie tenant à la fois de l'ouvrier et du chef. Elle constitue une anomalie qui doit disparaître dans l'intérêt même de la bonne fabrication, car le temps que passent les préposés à ces manipulations, ils ne sauraient l'occuper à surveiller convenablement l'emploi des matières et leur contrôle ne peut plus aussi efficacement s'exercer.

En même temps, nous désirerions que pour marquer quelque considération à notre égard, un peu plus d'initiative nous soit laissée dans la réglementation et le fonctionnement des services, ou tout au moins que les avis que nos connaissances acquises, notre responsabilité (tant limitée soit-elle), et notre conscience nous font un devoir de soumettre à nos employés supérieurs, reçoivent de leur part un meilleur accueil.

Souventes fois, il nous a été donné de constater que les conseils que nous croyons devoir donner pour assurer, tant la bonne fabrication que le fonctionnement sans-à-coup des services, ne furent suivis qu'à toute extrémité, comme si nos employés supérieurs avaient paru craindre de voir leur prestige atteint en accordant un peu de confiance à leurs subordonnés.

En faisant telles remarques que nous jugeons utiles, et que nous croyons devoir formuler, parce que nous pensons que là est notre devoir, nous n'avons aucunement l'intention de nous substituer à nos chefs, nous n'avons pas la prétention de les égaler, nous ne supposons pas qu'en sera diminuée ni leur autorité, ni leurs qualités, ni leurs mérites. Nous ne songeons qu'à leur prouver que nous prenons à cœur notre tâche, que nous pouvons être des collaborateurs utiles, et que nous faisons nôtres les intérêts de l'Administration.

Ce serait reconnaître notre dévouement que de nous accorder une plus grande confiance, par l'extension de notre initiative. Ce serait le stimulant d'amour-propre dont toute âme humaine a besoin, ce serait un encouragement précieux dont le monopole ne pourrait que tirer profit.

En fin de compte : déterminer de façon précise notre travail et nos attributions, nous doter d'un traitement moral en rapport avec l'importance de nos fonctions, voilà ce que nous souhaitons obtenir de notre Administration, lorsque nous appelons son attention sur notre situation morale et professionnelle.

***

S'il est vrai que l'amélioration de notre traitement moral doit augmenter notre considération et donner plus de poids à notre autorité sur le personnel placé sous notre surveillance immédiate, il est également vrai que cette considération et cette autorité s'accroîtront d'autant plus que nous bénéficierons parallèlement d'une situation matérielle meilleure.

Dans ce Cahier, sont étudiées les réformes dont la réalisation tendrait vers ce résultat.

Deux de nos revendications primordiales n'y figurent que pour mémoire, puisqu'elles doivent être solutionnées après le vote du budget de 1911 : ce sont celles ayant trait à l'augmentation de la retraite et à la création de nouveaux principalats.

En ce qui concerne la retraite, nous considérons comme indispensable que l'amélioration qui va y être apportée soit complétée par celles d'ordre secondaire que nous sollicitons, notamment l'augmentation de la pension à servir aux veuves et orphelins.

Les appointements très modestes que nous recevons ne nous permettent pas, malgré toute la bonne volonté possible, de réaliser telles économies pouvant mettre nos familles à l'abri du besoin après la disparition prématurée de leur chef.

Cette éventualité se réalise malheureusement d'une manière trop fréquente. Que de tristesse ne laisse-t-elle pas sur son passage ? et quelle douleur ne ressentons-nous pas à la pensée que, d'un moment à l'autre, nous pouvons en être victimes et que la noire misère peut guetter notre foyer ?

Actuellement, un préposé qui meurt ayant accompli de 20 à 25 ans de services, laissera le plus souvent des enfants encore incapable de subvenir à leurs besoins. La pension qui pourra échoir, soit à la veuve, soit aux orphelins, ne dépassera guère le minimum de 200 francs fixé par le règlement du 19 mars 1901. Certes, cette modique somme est déjà quelque chose, mais quelle maigre ressource ne devient-elle pas, si les enfants sont nombreux ou en bas âge, si, enfin, ils sont orphelins.

Rassurer les agents sur le sort qui attend leur famille, lorsqu'ils viennent malheureusement à disparaître trop tôt, est un devoir social auquel l'Etat doit satisfaire, et dont il doit donner l'exemple à la nation.

*
* *

Tout en sollicitant la création des principalats de 1re classe dans le grade de contremaître, nous avons formulé une proposition subsidiaire tendant à la suppression d'une classe dans ce même grade.

Nous estimons que la réalisation de cette seconde partie de la réforme doit logiquement compléter la solution favorable intervenue pour la première partie.

En effet : avec les règles actuelles d'avancement, bien peu profiteront complètement de cet avantage, seuls les agents bénéficiant d'un avancement au choix peuvent prétendre à ce nouveau principalat. Encore faudra-t-il qu'ils soient entrés jeunes dans l'Administration, et malgré cela, ils ne peuvent être assurés d'en jouir pleinement en ce qui concerne le calcul de la pension de retraite sur le taux d'appointements y afférents.

De ce fait, naît tout naturellement un corollaire qui est l'abaissement à trois ans et demi du temps maximum à exiger pour l'avancement à l'ancienneté.

Nous posons en principe que l'agent qui n'avance qu'à l'ancienneté sert d'une façon normale. Il ne se distingue peut-être par rien de particulier pouvant le désigner à l'attention de ses chefs, pour un avancement au choix, mais enfin, il ne commet aucun acte répréhensible, car, si cela était, son avancement, même à l'ancienneté, pourrait être retardé. Par conséquent, il ne mérite pas d'être privé du bénéfice de la nouvelle classe de principalát.

Or, en maintenant à quatre ans le temps nécessaire pour conquérir à l'ancienneté les échelons supérieurs, ce n'est qu'au bout d'environ 27 ans de service qu'un agent avançant dans ces conditions pourra accéder au principalat de 1re classe, c'est-à-dire trop tard pour qu'il puisse escompter le calcul de sa pension sur le taux des appointements du sommet de l'échelle.

En ramenant à trois ans et demi le nombre d'années nécessaire pour passer à l'ancienneté dans la classe supérieure, et ceci, bien entendu, pour toutes les classes, même la dernière, celle-ci ne sera guère obtenue qu'aux environs de 25 ans de service. Ce temps n'est pas trop court pour atteindre le couronnement d'une carrière pénible, difficile, et généralement bien remplie.

*
* *

En développant, au cours du présent Cahier, la question de la révision du classement des Manufactures, nous croyons avoir présenté tous les arguments qui militent en faveur de cette réforme.

Sa nécessité nous paraît suffisamment démontrée et son urgence est incontestable. Les modifications profondes qu'a subies la vie de notre pays au cours des quinze années qui viennent de s'écouler, imposent cette mesure d'équité.

Le travail des préposés est semblable dans tous les Etablissements, leurs conditions de vie sont les mêmes, en conséquence, leur rétribution doit être égale, et pour cela, elle doit être proportionnée aux dépenses qui résultent du milieu dans lequel ils vivent.

Toute autre conception du traitement pécuniaire à leur réserver s'écarterait sensiblement de l'idée de justice qui doit présider à tous les actes de notre Administration, et dont elle est certainement imbue.

⁂

Pour que notre traitement pécuniaire soit parfait, il ne suffit pas de la proportionner aux conditions de vie du milieu dans lequel nous nous mouvons, il faut encore que ce traitement corresponde à notre situation d'agents appelés à en commander d'autres.

En 1875, M. le Directeur général des Manufactures de l'Etat, répondant à la commission d'enquête parlementaire sur l'exploitation du monopole des tabacs et des poudres, nommée par l'Assemblée Nationale, disait, en certain passage de son rapport : « Que pour chaque Manufacture, le salaire à la journée des surveillants de la dernière classe (la 4e, aujourd'hui surveillants stagiaires) avait été fixé de telle sorte qu'il soit équivalent au salaire journalier moyen gagné à la tâche par les hommes faits et valides travaillant comme ouvriers dans le même Etablissement ».

Il y a longtemps que cet équilibre est rompu. Depuis environ une dizaine d'années, les salaires du personnel ouvrier se sont accrus progressivement dans une proportion atteignant de 20 à 25 %. Or, il faut à l'heure actuelle au moins seize ans de services à un préposé pour atteindre le salaire moyen des ouvriers du même Etablissement. Bien mieux, les moyennes de certains ateliers de personnel féminin arrivent à égaler le gain journalier des préposés comptant moins de dix ans de services. C'est là une inconcevable anomalie.

On ne fera entrer dans l'idée de personne qu'il est logique que des gens appelés à commander un personnel soient pécuniairement traités de façon inférieure aux ouvriers qu'ils commandent. Que la chose soit admissible pour la période de stage, nous en convenons, mais aussitôt titulaires de notre emploi, c'est une continuelle blessure d'amour-propre que nous endurons en constatant l'infériorité de la rémunération de nos services.

Un patron d'industrie privée ne s'aviserait jamais de payer ses contremaîtres à un prix inférieur au gain de ses ouvriers. Il sait très bien : d'abord, qu'il n'en recruterait pas, ensuite, que les premiers n'auraient aucune autorité sur les derniers.

C'est précisément ce qui se produit pour nous; notre autorité sur le personnel ouvrier est réduite à sa plus simple expression, parce que celui-ci connait très bien la modicité de notre traitement.

Dans son raisonnement simpliste, il ne comprend pas qu'on lui donne, pour le commander, des gens moins payés que lui, et il se dit : que si les services rendus sont rémunérés selon leur importance et leur valeur, les siens sont bien supérieurs aux nôtres; il en conclut, que logiquement, c'est lui qui devrait nous commander.

Là se trouve la source, la cause initiale des difficultés que nous rencontrons dans l'accomplissement de notre mission. Nous manquons de considérations de haut, comme d'en bas. Au début de cette « conclusion », nous disions que des satisfactions morales prouveraient, d'une part, et nous feraient obtenir, de l'autre, un peu de cette considération, mais il est bien certain que le résultat serait bien plus sûrement acquis par une augmentation de nos appointements.

Nous reconnaissons l'effort accompli, il y a quelques années, en vue de nous doter d'appointements meilleurs, mais nous sommes néanmoins obligés de constater que cet effort a été insuffisant.

En aucune façon, nous ne ressentons de jalousie de l'accroissement du gain du personnel ouvrier, accroissement auquel, quoiqu'on en ait dit, nous n'avons pris aucune part directe ou indirecte; toutefois, nous estimons que puisque dans l'échelle hiérarchique nous représentons l'échelon supérieur à cette catégorie, tant que cette infériorité pécuniaire subsistera, les rôles seront intervertis.

⁂

Dans un autre ordre d'idées, nous examinons aussi dans ce Cahier, la suppression du concours de chef de section et la création de nouveaux emplois de ce grade. Nous ne voulons pas reproduire ici l'argumentation soutenue au cours de ces études spéciales, cependant, nous nous permettrons d'insister à nouveau sur la nécessité de ces réformes.

Les appointements sensiblement supérieurs qui accompagnent l'accès au grade de chef de section ont permis, dans certaines occasions, de faire ressortir, comme relativement bien partagée, la situation des préposés comparativement à celle d'agents d'autres administrations de l'Etat.

Il importe de justifier cette comparaison en augmentant les chances d'accéder à cette situation meilleure. Encore le nombre des élus demeurera-t-il trop petit eu égard au nombre d'appelés, mais au moins aura-t-il été fait quelque chose en vue de rendre un peu moins chimérique l'espoir d'atteindre à des appointements dont on su, à certain moment, habilement tirer parti du taux.

⁂

Le décret du 14 janvier 1908 constitue pour nous un document d'une valeur indiscutable. Il réalise un réel progrès sur la réglementation qui nous était antérieurement applicable, il apporte une amélioration sensible aux conditions de notre situation.

Malgré cela, nous sollicitons à son sujet quelques modifications qui nous paraissent indispensables pour le mettre mieux en rapport avec les principes démocratiques qui sont la base de notre organisation sociale actuelle, principes qui sont de plus en plus mis en pratique par la nation française et républicaine. Ces modifications s'inspirent d'autre part de celles qui ont été apportées au statut d'agents d'autres administrations, lesquelles ont hardiment adopté des dispositions nouvelles, pénétrant ainsi résolument dans la voie de la justice et du progrès social.

Le statut des fonctionnaires sera vraisemblablement voté par la nouvelle législature. Les différents projets déposés sur le bureau de l'ancienne Chambre contiennent tous des dispositions dont quelques-unes présentent une grande analogie avec celles que nous désirons voir introduites dans le décret du 14 janvier 1908. Ces dispositions nouvelles, une fois consacré le vote de cette loi organique, devront s'appliquer à tous les fonctionnaires. L'assimilation faite par notre Administration elle-même, de notre catégorie d'agents aux fonctionnaires, impliquera nécessairement la mise en harmonie de notre statut avec les prescriptions de la nouvelle loi. Notre Administration s'honorerait en devançant, comme l'ont déjà fait d'autres administrations, la mise en vigueur des dispositions qui vont naître de la prochaine loi.

***

La plupart des réformes que nous sollicitons ne pourront se réaliser sans le concours et l'approbation du Parlement, parce qu'elles comportent inévitablement l'incorporation au budget, des crédits nouveaux destinés à les solutionner.

Nous comprenons très bien que notre Administration n'est pas maîtresse absolue en matière de crédits à faire pénétrer dans les éléments de son budget propre. Aussi bien, n'avons-nous jamais eu la pensée de demander la réalisation en bloc de toutes nos revendications, et sommes-nous au contraire tout disposés à admettre la successibilité pour chacune des solutions. Nous admettons même que chaque réalisation comporte en soi, s'il est nécessaire, des échelonnements par annuités, ainsi qu'il a été pratiqué lors de l'augmentation générale accordée et réalisée de 1907 à 1909.

Jusqu'à ce jour, nous avons su faire preuve de patience, nous avons su attendre que la bonne volonté de nos dirigeants à notre égard se manifeste par la prise en considération de nos demandes. Pendant ce temps, notre dévouement ne s'est jamais démenti. Mais à cet heureux état d'esprit, il faut des compensations, des encouragements qui se traduisent par des faits probants, réalisant l'amélioration progressive et légitime de notre situation matérielle.

Le Ministre des finances, duquel nous dépendons, est par essence et par devoir, peu dépensier; il doit servir de régulateur au mécanisme budgétaire, il doit réfréner les excès de dépenses des ministères voisins, et dans ce but, il doit lui-même prêcher l'exemple.

C'est ce qu'il fait, et c'est ce qu'ont d'ailleurs reconnu plusieurs rapporteurs du budget. Mais dans cette voie, l'exagération deviendrait paradoxale, elle nous créerait une situation défavorable, constituant un non-sens. Il serait d'une suprême injustice que les agents de l'Etat puissent obtenir beaucoup à condition de ne pas appartenir au ministère des finances.

Le fait se montrerait d'autant plus choquant, que le monopole des tabacs est une abondante source de revenus, sa productivité est considérable et manifeste une tendance presque constamment progressive. Chaque année, ce monopole donne d'importantes plus-values de recettes, et nous croyons ne pas être trop téméraires, en affirmant notre conviction qu'une part de ces plus-values peut être attribuée à notre initiative, bien que celle-ci soit restreinte, ou tout au moins à notre zèle.

Nous ne perdons pas de vue que le monopole des tabacs est non seulement une industrie que se réserve l'Etat, mais qu'il est aussi une forme de l'impôt, qu'en conséquence, les ressources qu'il fournit au Trésor ne sauraient être pleinement assimilées à des bénéfices d'exploitation industrielle. Néanmoins, les bénéfices existent ; serait-il donc réellement impossible de nous en tenir compte pour nous faire une situation aussi enviable que celle d'autres employés de l'Etat ?

Les rendements du monopole vont encore être accrus par suite de l'augmentation du prix de vente de certains produits. On a calculé que cette augmentation apporterait annuellement au budget, un supplément de recettes d'environ 13 millions. N'est-il donc pas possible de profiter de cette occasion pour nous accorder les satisfactions que nous demandons, en nous réservant une toute petite part de cette somme ?

Le budget est un patrimoine de famille dont chaque enfant doit avoir sa part, disait naguère un sous-secrétaire d'Etat !

Certes, nous n'ignorons pas que les nouveaux prix de vente des tabacs ont été établis pour permettre de faire face, en partie, aux charges nouvelles qui vont incessamment résulter de l'application de récentes lois sur l'assistance sociale et à l'esprit généreux desquelles nous applaudissons de tout cœur. Mais en même temps qu'il augmente ses prix de vente, le monopole contracte, vis-à-vis des consommateurs auxquels il s'impose, l'obligation de les bien servir, de leur fournir des produits aussi parfaits que possible. Un soin toujours plus grand devra donc être apporté dans la fabrication, et de ce soin, nous aurons, sans nul doute, notre part de responsabilité.

Si donc du nouvel état de choses doivent résulter pour nous des charges plus lourdes, il est indispensable, il est juste, qu'une compensation nous soit réservée sur les nouveaux bénéfices réalisés.

***

L'idée qui a guidé notre Congrès de 1909, en décidant l'élaboration de ce Cahier de revendications, a été de faire connaître une fois pour toutes les aspirations actuelles des préposés.

Car, en effet, la compulsation des comptes rendus de nos Congrès annuels ne pouvait guère fournir une idée bien exacte de ce que nous demandions. La présentation de certaines discussions sur quelques points spéciaux pouvait donner matière à confusion, sembler fournir même des contradictions, il nous est alors apparu nécessaire de concrétiser certaines propositions et pour chacun des sujets traités, synthétiser, en quelque sorte, les différents travaux consacrés à leur objet, d'en dégager l'idée dominante, la pensée générale, enfin d'en déduire la véritable solution désirée, tout cela avec la clarté capable de jaillir de notre modeste intellect, avec toute l'argumentation dont est susceptible notre entendement.

Dussions-nous paraître fort exigeants, nous n'avons pas craint d'affronter cette présentation en bloc de toutes nos demandes, certains que nous sommes de voir notre Administration satisfaite de connaître de façon complète la mesure de nos désirs, auxquels dès lors, il lui sera mieux possible de donner satisfaction.

Non ! nous n'avons pas craint d'être qualifiés d'insatiables, pas plus que nous n'avons obéi à cette pensée : que nos desiderata pourraient être mieux accueillis, parce qu'on doit les considérer comme les souhaits ultimes de condamnés à mort, puisqu'en raison des nouvelles conditions de recrutement de notre espèce, nous sommes, dans un temps déterminé, appelés à disparaître.

Nous n'avons agi ainsi uniquement que parce que nous avons foi dans la justice de ce que nous demandons, pensant de plus que ce serait un argument sophistique, un prétexte fallacieux, que nous objecter notre prochaine disparition pour nous refuser satisfaction, tout en faisant entrevoir la situation meilleure qui nous attend au sommet de l'échelle.

D'abord, même avec le nouveau mode de recrutement, toute notre catégorie n'est pas destinée à s'éteindre. Nos collègues dames doivent nous survivre, et plusieurs de nos revendications s'appliquent à elles comme à nous.

D'autre part, nous avons l'intime et ferme croyance que nos administrateurs seront bientôt convaincus, s'ils ne le sont déjà, de l'insuffisance de valeur du nouveau recrutement. Nous espérons qu'ils auront reconnu ce que nous n'avons cessé de déclarer depuis trois ans : Qu'il ne suffisait pas, pour faire un bon préposé, de posséder une belle plume accompagnée d'une santé robuste. Nous sommes persuadés que notre Administration, dans un temps peut-être prochain, devra recourir à nouveau et tout au moins partiellement, au recrutement civil.

En émettant cette opinion, nous ne croyons pas porter atteinte à nos collègues d'origine militaire, ni faire montre à leur égard d'aucun esprit d'hostilité. Eux-mêmes n'ont-ils pas été les premiers à signaler l'erreur commise en préconisant le recrutement mixte, tel qu'il se pratique pour toutes les autres administrations où des emplois sont réservés aux anciens sous-officiers.

La décision de la commission interministérielle, qui a réservé la totalité de nos emplois aux sous-officiers rengagés et en a fixé les conditions d'admission, nous a montré du même coup combien nos fonctions étaient inconnues et méconnues. Depuis, nous n'avons cessé de lutter contre cette méconnaissance et de démontrer qu'elle était injustifiée. Jusque dans l'avant-propos de ce Cahier, nous nous sommes efforcés une fois de plus de mettre en lumière « le rôle et les attributions des préposés ».

Cependant, si la dite commission interministérielle avait voulu être fixée de meilleure façon sur notre caractère professionnel, elle n'aurait eu qu'à consulter l'œuvre de M. Hamille, rapporteur de la commission d'enquête parlementaire sur l'exploitation du monopole des tabacs, lequel définissait ainsi notre rôle en 1875 :

« Immédiatement en contact avec les ouvriers, astreints aux mêmes heures de présence que ceux-ci, les préposés forment un rouage essentiel du mécanisme que nous étudions, et leur valeur a la plus grande influence sur la bonne marche de l'Etablissement. Ils assurent le maintien de l'ordre dans les ateliers, empêchent le gaspillage des matières premières et dirigent les détails de la fabrication ».

Elle aurait pu aussi consulter M. Boudenoot, rapporteur au Sénat, du budget des finances, qui disait en 1907 : « Que la tâche des préposés devenait chaque jour plus difficile et qu'ils devaient redoubler de tact et de prudence pour maintenir la discipline dans les ateliers et les saines traditions du travail ».

Depuis, et de jour en jour, notre tâche s'est compliquée de plus en plus de nombreux travaux d'écritures qui exigent de notre part des connaissances spéciales en matière de comptabilité, de la sorte, notre mission acquiert constamment de la difficulté; elle demande le déploiement de qualités telles, que loin d'abaisser le niveau des conditions à exiger pour le recrutement, il y a au contraire, nécessité absolue de l'élever, d'en accroître les garanties.

***

C'est parce que nous avons conscience de l'effort que nous devons fournir dans l'accomplissement de notre tâche, c'est parce que nous connaissons la valeur des services que nous rendons, que nous demandons à notre Administration, de nous traiter selon nos mérites, que nous la prions de soutenir nos intérêts, comme nous-mêmes nous employons de notre mieux à défendre les siens.

Nous formulons l'espoir que MM. nos Administrateurs sauront prêter une attention tout particulièrement bienveillante à l'objet de ce Cahier; qu'ils reconnaitront l'esprit mesuré qui nous est coutumier et qui nous a guidés dans son élaboration; qu'ils apprécieront la légitimité de nos demandes, parce qu'à cette heure, ils doivent être convaincus de l'importance de notre mission et de toute la considération qu'elle doit nous mériter.

Les promesses qui nous ont été faites pour l'année 1911 semblent marquer pour nous le commencement d'une ère nouvelle, que nos chefs, nous le souhaitons bien vivement, voudront bien faire se continuer. Ils peuvent être assurés que nous saurons répondre à la confiance qu'ils nous accorderont, à la bienveillance qu'il nous montreront, en agents reconnaissants et soucieux de leurs devoirs. S'il est possible humainement de le faire, nous essayerons d'apporter encore plus de zèle et d'intelligence dans l'accomplissement de nos fonctions.

C'est, nous dira-t-on, notre devoir en tout temps que de faire donner à nos modestes facultés le maximum de l'effort qu'elles peuvent fournir. Cela est vrai ! Mais l'âme humaine est ainsi faite, qu'elle a besoin de satisfaction jusque et même pour le devoir accompli. Seuls, peut-être, les héros peuvent s'en passer, or, nous n'avons rien de commun avec des héros surtout lorsqu'il s'agit, en somme, de ce qui touche à nos intérêts, à notre droit d'existence matérielle, de tout ce qui peut réaliser notre humble désir de vivre en hommes simplement honnêtes et conscients.

La récompense est le plus puissant stimulant du zèle, car elle flatte l'amour-propre de l'individu, en même temps qu'elle lui donne conscience de sa valeur, de son utilité et qu'elle l'incite à tendre vers le perfectionnement de son rôle dans l'humanité.

Qu'on nous accorde les légitimes satisfactions auxquelles nous pensons avoir droit, notre dévouement toujours plus complet, nos efforts toujours plus grands en vue du progrès de nos connaissances et de notre utilité professionnelles, seront la réponse aux libéralités que nous attendons.

POUR L'ASSOCIATION GÉNÉRALE

DES PRÉPOSÉS DES MANUFACTURES DE TABACS, D'ALLUMETTES ET DES MAGASINS,

Le Président, **ROUGET.**

Le Secrétaire général, **LELARD.**

LA COMMISSION DE RÉDACTION :

Le Président .... DARMAY.

Les Commissaires .... FRANCILLON. MONDAIN. MATTER.

Juin 1910.

Limoges. — Imprimerie GOUTERON FRÈRES, 30, rue Delescluze.

www.ingramcontent.com/pod-product-compliance
Lightning Source LLC
Chambersburg PA
CBHW052206270326
41931CB00011B/2248